Renée M.

Renaissance

Un récit bouleversant de sa lutte contre l'alcoolisme

Collection dirigée par
CLAUDE LECLERC

LES PRESSES LIBRES

© 1984 LES PRESSES LIBRES,
FILIALE DE SOGIDES LTÉE

Tous droits réservés

Bibliothèque nationale du Québec
Dépôt légal — 1er trimestre 1984

ISBN 2-89117-017-2

Avant-propos

Je n'ai pas voulu faire de ce livre une oeuvre autobiographique. À 36 ans, je crois que je suis trop jeune pour enfermer dans quelques pages ce que je considère être l'essence de ma vie. Toutefois, même si je présume que les années qui suivront seront vécues avec beaucoup plus de dynamisme, de confiance et d'amour, je demeure convaincue que les expériences qui ont tissé la trame de mon existence jusqu'à maintenant pourront intéresser et même aider dans une mesure que seul le lecteur sera capable de juger, ceux et celles qui, comme moi, savent quelles sont les difficultés quotidiennes causées par l'alcoolisme, parce qu'ils sont eux-mêmes aux prises avec ce problème, ou encore parce qu'ils vivent avec une femme ou un homme qui essaie de se libérer ou qui a réussi à maîtriser ce que j'ose qualifier de maladie du siècle des plus répandues.

Grâce à mon métier, j'ai acquis une réputation qui m'a permis de vivre de la chanson depuis trente ans, mais c'est la toute première fois que j'utilise la notoriété de mon nom pour partager avec ceux et celles qui souffrent encore et qui croient être seuls à combattre cette maladie. Les pages qui suivent ne sont pas nées du besoin d'exposer ma vie intime au *sensationnalisme*. Les anecdotes qui y sont relatées ont pour seul but d'esquisser brièvement le cheminement qui m'a menée à vivre activement mon alcoolisme tout aussi bien que les événements qui m'ont poussée à faire les efforts nécessaires pour ne plus être esclave de cette dépendance. Ce livre n'est pas une justification ni un recueil de regrets et de remords. Au contraire, j'ai choisi d'en faire une oeuvre positive. Inconsciemment ou égoïstement, peut-être ai-je aussi envie que le public qui m'assure sa fidélité depuis tant d'années me connaisse mieux et découvre quelle femme je suis devenue après avoir expérimenté tant d'états d'âme à la fois déchirants et constructifs. J'ai volontairement tu les noms de toutes les personnes dont il est question dans ce livre, d'abord par respect à leur égard, et aussi afin de leur éviter une soudaine gloire publique qu'ils n'auraient probablement pas souhaitée. Tous les sujets traités ont eu un rapport direct avec mon alcoolisme et c'est pourquoi j'ai choisi d'en parler ouvertement.

Mon cheminement est évidemment unique, mais les personnes qui souffrent de l'alcoolisme partagent trop de points communs pour ne pas se sentir concernées par mes propos. Aussi, j'ai voulu démontrer aux femmes qu'elles n'avaient plus à avoir honte de parler librement de leur problème, et que l'époque où les filles et les femmes alcooliques étaient jugées impardonnables est enfin révolue. L'alcoolisme frappe sans discrimination, à tous les niveaux de la société. J'estime que le temps est venu d'en discuter avec, d'une part, ouverture et franchise, et de l'autre, compréhension et amour.

Personnellement la renaissance physique, mentale et spirituelle que j'ai vécue en 1981 a complètement bouleversé ma façon de penser et d'apprécier la vie. C'est probablement par hasard et par bonheur, et sans doute avec beaucoup d'intuition maternelle, que ma mère aura choisi de me prénommer Renée...

Renée MARTEL

Chapitre I
Une enfant
en quête de tendresse

Les enfants commencent par aimer leurs parents; devenus grands, ils les jugent; quelquefois, ils leur pardonnent.

— Oscar WILDE

Mes premiers souvenirs professionnels remontent à plus d'une trentaine d'années. À l'âge de cinq ans, j'accompagnais déjà mon père dans la plupart de ses tournées. Un soir, sur la scène, lorsque vint mon tour de chanter, il m'avait hissée sur une chaise afin que les spectateurs puissent mieux me voir. Je me souviens d'avoir manifesté une vive réaction d'étonnement lorsqu'il me demanda quel était mon nom. «Mon nom? Mais tu le connais mon nom, lui avais-je dit, tu sais bien que je m'appelle Renée Martel.» Dans la salle, les gens riaient, mais j'étais trop inconsciente pour être dérangée par leurs bruyants éclats. Ensuite, il m'a demandé qui était mon père. Ne comprenant pas pourquoi il me posait une question si évidente, j'avais répondu: «Tu le sais qui est mon père, voyons! C'est toi.» Ennuyé de voir que je n'embarquais pas dans son jeu en lui reprochant sévèrement de m'interroger à propos de choses qu'il savait tout aussi bien que moi, il a terminé en m'invitant à nommer le titre de la chanson que nous allions interpréter ensemble. «Tu le sais ce que nous chanterons, avais-je répliqué, ça fait deux mois que tu me fais répéter à la maison la chanson «Un coin du ciel».» Des rires avaient fusé de partout dans la salle, mais je ne comprenais vraiment pas pourquoi.

«Un coin du ciel» a été la toute première chanson que j'ai interprétée en public. Ce soir-là, j'avais ensuite chanté «Le petit cordonnier qui voulait aller danser». Lorsque j'ai terminé la chanson, je ne voulais plus sortir de scène, faisant un semblant de crise pour que mon père me permette de rester encore un peu. Pendant cent-quatorze jours, nous avons présenté notre spectacle dans les villes les plus importantes du pays. Ma mère avait demandé à une maîtresse d'école de nous accompagner afin que je n'accuse aucun retard au niveau scolaire. À cette époque, je manifestais déjà un caractère plutôt décidé. S'il m'arrivait de ne pas avoir envie de me présenter sur scène lorsque mon numéro de danse arrivait, mon père était forcé d'enchaîner avec une autre chanson et d'attendre que je veuille bien venir. Je devais danser sur un 78 tours que mon père acceptait de faire rejouer jusqu'à ce que je juge le moment opportun d'arrêter. Pour moi, le showbusiness relevait davantage du jeu que du travail; parfois j'adorais cela, parfois non.

Mon enfance était forcément différente de celle vécue par toutes les autres jeunes filles de mon âge. Ma vie était à la fois excitante et énervante, et j'imagine que l'affection dont m'entourait le public a dû m'enfler la tête à certains moments. À six ans, je savais déjà ce que signifiait le fait d'être une vedette. Dans ma tête, celui qui m'avait donné la vie était mon employeur et non pas mon père. Il avait toujours vécu en fonction de son métier, et il avait négligé le reste. Je le dis sans le juger; il ne connaissait probablement pas mieux. Sa mère était morte alors qu'il était très jeune et il n'avait jamais su ce qu'était l'affection d'un père ou d'une mère. Devenu veuf, son père s'était remarié avec une femme qui a ajouté ses quatorze ou quinze enfants aux siens. Papa n'a jamais vu son père lui sourire, et il ne lui a adressé la parole qu'à quelques occasions exceptionnelles. Mon père était donc un être froid et renfermé sur lui-même. Étant inaccessible, il m'était impossible d'établir une relation fille-père avec lui. À la maison, je n'avais jamais le droit de parler, de courir ou de penser, et surtout pas de le juger. Il s'abrogeait le droit de fouiller jusque dans mes moindres pensées par crainte que je nourrisse des idées négatives à son égard. Même sous son propre toit, son centre d'intérêt se limitait à sa vie professionnelle et à l'opinion que les autres se faisaient à son sujet. Lui-même se jugeait très sévèrement et il n'était jamais satisfait de ses réalisations. En se détruisant constamment, il entraînait inévitablement son entourage à son niveau en enseignant aux autres à se diminuer. Ma mère vivait en fonction de lui. Dans les moments où il aurait dû me parler comme un père, incapable d'assumer ses responsabilités paternelles, il me parlait comme un chanteur. À cet âge-là, je n'étais pas du tout impressionnée qu'il soit un personnage connu, car j'avais surtout besoin de la présence d'un homme compréhensif et non pas celle d'un être agressif me réprimandant dès que je mettais un pied devant l'autre.

Aujourd'hui je sais que mon père avait probablement ses raisons pour agir ainsi. C'était un homme très malade qui a souffert de la tuberculose pendant plusieurs années. Sa maladie a certainement affecté son caractère. Après plusieurs longs séjours à l'hôpital, il ne lui reste qu'un seul poumon, et il a six côtes en moins. Je sais qu'il a souffert d'hémorragies très dangereuses. Mais dans ma tête d'enfant, tout ce que je voyais, c'était un homme qui critiquait les gens, les situations, les moindres choses. Il n'était jamais content et il se sentait mal dans sa peau. Lorsqu'il revenait à la maison, après avoir passé quelques semaines ou quelques mois à l'hôpital, je le considérais comme un étranger qui venait déranger notre tranquillité. Dès qu'il était de retour, il me chicanait à propos de tout ou de rien. Je ne le connaissais pas jusqu'à ce que je travaille régulièrement avec lui.

Dès l'âge de six ans, je me suis sentie possédée par une angoisse sans cesse grandissante. D'aussi loin que je me rappelle, je détestais mon père, moi qui aurais tant voulu l'aimer. Combien de fois ai-je rêvé qu'il me serrait dans ses bras, qu'il m'embrassait ou que nous allions prendre une longue marche tous les deux comme de vrais amis? Au contraire, l'ambiance familiale était des plus lourdes. Ma mère nous refusait le droit, à mon frère et à moi, de commencer à manger avant que notre père ne prenne sa première bouchée. Il était le roi et maître. J'avais souvent pitié de ma mère et je me disais que si le mariage se résumait à se plier aux moindres caprices de son mari, je ne tomberais jamais dans le piège une fois devenue grande. Chez nous, les enfants n'avaient pas le droit de parole.

Même s'il était un mordu du travail, mon père ne gagnait pas toujours l'argent nécessaire à la survie de notre famille, la plupart du temps parce que sa maladie le clouait cruellement sur son lit pendant de longues périodes. Quand il n'avait plus d'argent, il me confiait aux bons soins des religieuses dans un genre de pensionnat où je ne me suis jamais sentie très heureuse. Souvent, il m'envoyait aussi chez Monsieur et Madame Sawyer, des voisins amis de la famille. Dans leur maison, je pouvais enfin vivre comme une enfant normale. Je recevais mes amis chez eux et ils m'avaient même réservé une chambre où je pouvais m'amuser en toute liberté. En peu de temps, j'ai compris que je pouvais trouver auprès de Monsieur Sawyer toute l'affection et la tendresse paternelles que mon père ne savait pas me donner. Avec lui, j'étais une enfant heureuse car je pouvais m'exprimer sans retenue, que ce soit par gestes ou par paroles. Dès que je retournais chez mes parents, je me refermais. Toute petite, j'avais des boules dans la gorge et dans l'estomac à force d'éprouver du ressentiment à l'égard de mon père. Dès que j'osais faire le moindre bruit normal, ma mère me disait de faire attention. «Ton père est malade» était une phrase que l'on entendait tous les jours à la maison. Parce qu'elle m'obligeait à vivre en fonction de lui, je le haïssais de plus en plus. La plus grande partie de mon temps, je le vivais en solitaire, dans ma chambre, avec mes livres et mes disques. Je n'ai pas aimé vivre chez mes parents à cause de cela. Aujourd'hui je n'accuse personne parce que mon père était réellement très malade. Mais je me souviens que tout ce que je souhaitais à l'époque, c'était qu'il me donne la permission d'aller vivre ailleurs, et ailleurs, c'était chez Monsieur Sawyer. J'avais besoin d'avoir un père, et le seul homme qui m'offrait des qualités paternelles, c'était lui. Chez lui, personne ne me forçait à marcher sur la pointe des pieds. Toujours insécure émotivement, financièrement et professionnellement, mon père était un éternel insatisfait. Au début de sa carrière, il avait presque honte d'être un chanteur western. Il a été très marqué de faire partie de cette catégorie d'artistes à propos de laquelle plusieurs faisaient des blagues plus ou moins humiliantes. C'est probablement pourquoi il a toujours été sur la défensive. Avec le temps, à cause de notre manque de communication, nous sommes devenus des étrangers.

Un jour, mon père m'a annoncé que nous devions quitter le Québec pour aller vivre en Californie. Son médecin lui avait conseillé de déménager dans un climat sec à cause de sa maladie d'ordre respiratoire. Cette nouvelle m'a complètement bouleversée; je refusais de quitter Monsieur Sawyer pour m'en aller dans un pays étranger où je serais forcée de passer vingt-quatre heures sur vingt-quatre avec mon père. Ce fut un traumatisme épouvantable pour moi. C'est à Los Angeles que nous nous sommes installés. De

Drummondville à la Californie, quel changement pour une adolescente de treize ans! Pendant six mois, j'ai vécu une période de profonde dépression. J'étais incapable de dormir la nuit et je pleurais en secret. Physiquement et moralement, je ne pouvais accepter d'être séparée de Monsieur Sawyer. À Los angeles, j'étais brutalement plongée dans un autre monde. La langue était différente, je n'avais aucun ami, et mes parents devaient accepter les emplois les moins rémunérateurs pour survivre. La première école que j'ai fréquentée marchait sur la base du système des polyvalentes, ce que nous ne connaissions pas encore dans notre province. Je me suis sentie complètement perdue dans ce labyrinthe d'expression anglaise. Comme je ne parlais pas la langue, j'étais dans l'impossibilité de demander des informations lorsque je n'arrivais pas à trouver le local où devait se dérouler tel ou tel cours. J'arrivais donc cinq minutes en retard dans chacune des classes, ce qui m'humiliait profondément. Quand j'avais la chance de voir quelqu'un que je savais être dans la même classe que moi, je m'empressais de le suivre. Mes parents n'étaient pas du tout intéressés à m'entendre parler de mes problèmes. Au début des années 60, le dialogue parents-enfants était loin d'être amorcé. Le jour où j'ai réussi à demander un renseignement à quelqu'un, je me suis mise à pleurer parce que j'étais trop émue. Cette première victoire m'a redonné quelque peu confiance en moi mais, dès que j'ai commencé à me faire une ou deux amies, mon père a décidé de déménager dans une autre ville. Dans cette nouvelle école où je ne connaissais aucun visage, j'étais la seule blanche, les autres élèves étant de race jaune ou noire. Il m'arrivait souvent de manquer des cours lorsque mon père se cherchait du travail parce qu'il me demandait de servir de gardienne à mon jeune frère de neuf ans

mon cadet. Mes professeurs me reprochaient régulièrement mes fréquentes absences, mais personnellement
je n'étais pas déçue de faire l'école buissonnière car je
n'aimais pas du tout l'ambiance de cet endroit.

Notre séjour en Californie n'a pas été des plus heureux. Mes parents étaient sans le sou, et très souvent
ma mère et moi achetions nos vêtements à l'Armée du
Salut. Avec une robe de dix cents sur le dos, j'étais souvent timide devant mes compagnes de classe qui étaient
tellement mieux vêtues. À un moment donné, nous
avons quitté le sud-ouest des États-Unis pour aller vivre
à Springfield, au Massachusetts, où ma mère avait
quelques membres de sa famille. Nous habitions dans
un logement meublé des plus ordinaires. Tous les
week-ends, nous chantions pour les franco-américains
de la Nouvelle-Angleterre. Deux fois par année, nous
venions faire une tournée d'un mois et demi au
Québec. À Springfield, j'avais un jeune ami avec qui je
m'entendais très bien. Après l'école, nous allions boire
un soda à la pharmacie du coin. Quand il a su que je me
tenais avec lui, mon père est venu m'attendre devant la
pharmacie   tous   les   soirs   pour   me   ramener
immédiatement à la maison. Son indiscrétion touchait
ma vie la plus intime.

À cette époque, j'écrivais mon journal personnel
tous les jours. C'était ma seule façon de m'exprimer librement. À chaque page, j'écrivais à quel point je détestais mon père. Je gardais cet agenda caché sous mon
oreiller. Ne se préoccupant nullement de respecter ma
vie privée, mon père est allé fouiller jusque là. Quand
je suis rentrée de l'école, ce soir-là, il m'attendait avec
l'agenda en mains, enragé. Quand je lui ai dit qu'il
n'avait pas le droit de s'approprier mes objets personnels, il m'a répondu qu'il avait tous les droits puisque

cela se passait dans sa maison. Parce que je vivais chez lui, je lui appartenais. Il m'était dorénavant impossible d'avoir une vie intérieure; il avait droit de regard sur mes moindres faits et gestes.

À 14 ans, je n'avais plus envie de chanter. Avec huit années de métier derrière moi, je voulais mener une vie normale, comme toutes les filles de mon âge. Comme il tenait absolument à m'avoir à l'oeil, j'étais obligée de l'accompagner à tous ses spectacles car il n'aurait jamais voulu que je reste toute seule à Springfield. Après toutes les indiscrétions qu'il avait osé me faire, j'étais devenue incapable de supporter sa présence. Il était continuellement agressif et jamais je ne voyais son visage s'éclairer d'un sourire. Il me boudait constamment et lorsque nous partions en tournée, je sentais qu'il n'avait pas envie de me voir dans sa voiture, mais il n'avait pas d'autre alternative que celle de me supporter. Je suis devenue très complexée car je savais que j'étais différente des autres. Si l'on m'adressait un compliment, j'étais convaincue que c'était dans le but de se moquer de moi.

Si nous sommes revenus vivre au Québec, c'est parce que mon père a décroché un contrat intéressant à la télévision de CHLT. De retour, j'étais surtout heureuse de retrouver Monsieur Sawyer de qui je m'étais tellement ennuyée. Mon père m'a demandé de travailler avec lui à la télévision et en peu de temps je suis devenue une figure publique et j'ai acquis une bonne expérience de la télévision. Je consacrais tellement d'énergie à mon travail, que je n'avais pas le temps de me faire des amis. À cet âge-là, je rêvais de me marier, mais j'étais persuadée que mon souhait ne se concrétiserait jamais parce que je n'avais pas le droit de fréquenter des garçons. J'avais tellement hâte d'avoir 21 ans, l'âge de la majorité. À 18 ans, j'ai décidé de me fiancer même si mon père n'était pas d'accord. Ma mère avait organisé une belle fête dans le sous-sol de notre maison, mais mon père n'a jamais voulu nous aider à aménager la pièce pour la circonstance. Le soir venu, il a refusé de se joindre à la fête parce qu'il n'était pas d'accord avec mes fiançailles. Pourtant, ses motifs ne devaient pas avoir un lien avec mon jeune âge puisque ma mère avait 19 ans lorsqu'elle l'avait épousé… J'étais malheureuse que mon père agisse ainsi le soir de mes fiançailles. Quand je lui ai demandé de m'expliquer son attitude pour le moins étrange, il m'a répondu qu'il n'était pas descendu rencontrer les invités parce qu'il était persuadé que mon ami et moi ne serions pas amoureux très longtemps.

À 18 ans, je n'avais pas le droit d'avoir la clef de la maison. À onze heures quarante-cinq, si je n'étais pas rentrée, la porte était fermée à clefs. Ce qui me semblait le plus absurde, c'est qu'il m'arrivait régulièrement d'aller donner des spectacles dans d'autres villes avec les membres de l'orchestre de danse dont je faisais partie. Lorsqu'il était question de travail, il me permettait d'être libre. Un soir, alors que mes parents n'étaient pas à la maison, mes amis de l'orchestre m'ont téléphoné pour m'inviter à venir voir le spectacle qu'ils devaient donner à Drummondville. Je ne faisais plus partie du groupe à ce moment-là. Comme c'était leur premier engagement sans moi, ils voulaient connaître mon opinion sur le show. Avant de quitter la maison, j'ai laissé une note sur la table disant que je devais rentrer vers minuit et que j'étais partie au Roc d'Or entendre mes amis musiciens. Une fois arrivée au cabaret, je me suis rendue compte que j'avais oublié mon porte-feuille. Mes copains ont donc payé mon taxi et ils m'ont offert de venir me reconduire chez moi à la fin de leur show, vers deux heures du matin. À toutes les demi-heures, je téléphonais chez moi pour avertir mes parents que j'arriverais plus tard que prévu, mais il n'y avait pas de réponse. À deux heures, tentant ma dernière chance, ils n'ont pas répondu. J'étais heureuse car j'étais sûre que je ne les réveillerais pas lorsque j'arriverais. À deux heures trente-cinq, je suis rentrée sur la pointe des pieds. Pour ne pas faire de bruit, je ne me suis même pas démaquillée, chose que je ne faisais jamais. Environ une heure après m'être mise au lit, j'ai entendu mon père faire un vacarme dans la maison en claquant les portes des armoires. Il a passé le reste de la nuit assis dans le salon. Je ne comprenais vraiment pas ce qu'il avait. Le lendemain matin, vers neuf heures et demie, ma mère est venue me réveiller pour m'annoncer que mon père préférait que je parte de la maison.

Après toutes les pressions qu'il avait exercées sur moi et toutes les contraintes qu'il m'avait imposées au fil des années, il me demandait maintenant de ne plus vivre sous son toit. À 19 ans, j'étais une fille usée par les épreuves. J'étais tellement complexée que je me demandais vraiment comment j'allais pouvoir me débrouiller pour mener une vie normale. Mon père avait toujours pris un plaisir inexplicable à me diminuer. À 16 ans, je m'étais fait une amie lors d'un séjour à Berthier où j'avais chanté avec mon père. Il l'aimait beaucoup et il acceptait même qu'elle vienne passer quelques jours à la maison. Devant elle, il me disait qu'elle était plus gentille, plus intelligente et plus belle que moi. Avec le temps, découragée de ne jamais être appréciée pour mes qualités, j'étais devenue la fille la plus timide et complexée qui soit. Un beau jour, je me suis rendue compte qu'il n'était plus nécessaire que mon père me compare aux autres car j'avais pris l'habitude de le faire toute seule. Je me voyais remplie de défauts.

Quand j'allais chez mon amie, j'étais toujours épatée d'observer la merveilleuse relation qu'elle entretenait avec son père. Il lui jouait des tours, il lui racontait des histoires et, ce qui m'étonnait encore plus, il discutait calmement avec elle. C'était un homme en or. Il m'arrivait souvent de confier à cette copine que je la trouvais privilégiée d'avoir un père comme le sien. Je l'enviais de pouvoir parler de ses problèmes avec lui. Un jour, j'ai été très touchée lorsque son père m'a dit qu'il me considérait comme sa propre fille et que je pouvais tout lui raconter. Dans ma tête, j'avais maintenant deux pères: Monsieur Sawyer et lui...

Quand j'ai été mise face à la réalité de devoir quitter la maison, je n'ai pas été prise au dépourvu. Quelque temps avant que mon père me dise de partir, j'avais téléphoné à une vieille amie de mes parents âgée de 71 ans pour lui demander si elle avait une place pour moi dans sa maison. Gentiment, elle avait accepté de cohabiter avec moi, et le jour où j'ai quitté mes parents, c'est elle-même qui m'a donné un coup de main pour déménager. Je n'ai jamais reproché à mon père d'avoir exigé mon départ. Je serais partie vers cette même période sans même qu'il me le demande, pour le bonheur de mes parents et pour le mien. Cette séparation était nécessaire pour tout le monde car ni lui ni moi ne pouvions continuer à vivre dans cette ambiance. Quand j'ai eu fini de m'installer dans ma nouvelle demeure, je ne suis pas sortie de la maison pendant trois semaines tellement j'appréciais de me sentir enfin respirer. Deux semaines plus tard, mon père a regretté sa décision. Quand il venait me rendre visite, j'étais heureuse de le voir malgré tout. Dans le fond j'avais toujours aimé mon père, mais le fait d'être continuellement à couteaux tirés créait beaucoup de friction entre nous. Ma mère a essayé de lui faire comprendre que je ne reviendrais jamais et que j'avais droit à ma vie et à ma liberté.

Au moment de faire une dernière tournée avec lui, j'ai réalisé que notre relation n'avait guère changé depuis que nous ne vivions plus ensemble. Après que j'aie déménagé, il venait souvent me voir pour essayer de me convaincre de me faire un nom dans le showbusiness montréalais. Il insistait tellement qu'il m'épuisait avec ses discours. «Si la fille de Ti-Blanc a réussi, me sermonnait-il, il n'y a aucune raison pour que tu n'y arrives pas. Tu es aussi capable qu'elle.» Encore une autre comparaison... Aussi têtu qu'une mule, il m'emmenait rencontrer tous les gérants connus du monde du spectacle. Je récoltais des engagements ici et là et la plupart du temps je travaillais comme maître de cérémonie dans les cabarets. Après avoir fait quelques disques à Sherbrooke, j'ai eu la chance d'enregistrer deux 45 tours sous la direction de Pierre Nolès et Yvan Dufresne qui étaient d'importants magnats de l'industrie du disque à cette époque. Dufresne était le producteur de mon père. Un jour, mon père m'a présenté Gilles Talbot avec qui j'ai travaillé pendant un certain temps. Épuisée de toujours courir à droite et à gauche en quête d'un contrat, j'ai dit à mon père: «Écoute papa, avant d'aller à cet autre rendez-vous, j'aimerais que tu saches une chose, si ça ne réussit pas cette fois-ci, je veux que tu me promettes de ne plus jamais m'ennuyer avec tes idées de faire de moi une star.» À vrai dire, je n'avais pas du tout la piqûre du vedettariat. Je fréquentais assidûment un jeune garçon que je rêvais d'épouser et ma seule ambition était de m'enligner pour une vie calme et simple. Je me demande aujourd'hui jusqu'à quel point ce mariage ne m'aurait pas rendue plus heureuse. Tout cela est hypothétique, bien sûr, mais j'aurais été curieuse de voir. Quand j'ai quitté Drummondville pour venir rester dans la grande métropole, c'est cet ami qui m'a aidée à déménager. Il était très triste ce jour-là car il disait que nous allions nous perdre de vue avec le temps. Je ne me souviens pas de m'être disputée une seule fois avec lui. Il était doux et tendre; notre amour était aussi parfait que dans les romans. Il ne m'aimait pas parce que j'étais une chanteuse, d'autant plus que je n'étais pas encore une artiste populaire ces années-là.

Convaincu d'être en mesure de me lancer sur les meilleurs rails du showbusiness, mon père m'avait dit: «Donne-moi une dernière chance, je te jure que si cela ne marche pas cette fois-ci, je ne t'embêterai plus jamais avec mes projets.» J'avais 20 ans. Guidé par le destin, mon père avait frappé à la bonne porte au bon moment ce jour-là. Alors que j'étais en train d'attendre quelqu'un dans un couloir de l'immeuble des disques Trans-Canada, j'ai rencontré Gerry Plamondon, un important gérant d'artistes que je connaissais depuis quelques années. Nous étions tous deux très heureux de nous revoir. Il m'a dit: «Ti-fille (c'est le surnom qu'il me donne encore aujourd'hui), j'ai une chanson pour toi et ça fait longtemps que j'essaie de communiquer avec toi pour te la faire entendre. Viens avec moi dans le bureau de Denis Pantis et nous allons prendre le temps de l'écouter ensemble.» J'y suis allée et il m'a fait entendre «Liverpool». Si la chance n'avait pas été avec moi ce jour-là, je n'aurais jamais persisté dans mes démarches pour rencontrer des producteurs de disques et de spectacles. J'étais prédestinée.

Je suis rentrée en studio pour enregistrer «Liverpool» pendant l'été, mais le succès n'est venu qu'en décembre. Les stations radiophoniques faisaient l'erreur de faire jouer l'envers du disque, une chanson qui était déjà très populaire parce que Nanette en avait fait un hit à l'époque. Son disque était tellement bon qu'elle avait été élue Révélation de l'Année cette année-là. Je n'oublierai jamais le moment où elle a été élue. J'étais alors hospitalisée à cause de complications à la colonne vertébrale. Les examens que j'avais subis m'obligeaient à rester allongée, et la seule activité qui m'était permise était de regarder la télévision. Gilles Talbot, qui était alors mon gérant, m'avait suggéré de regarder le Gala des Artistes. Quand Nanette a été élue, je me suis demandé qui serait la gagnante l'année suivante. Si quelqu'un m'avait dit à ce moment-là que je serais la prochaine Révélation, je ne l'aurais jamais cru.

Le jour où les postes de radio ont eu l'intelligence de retourner mon 45 tours pour faire jouer «Liverpool», ma carrière a connu son véritable élan. Après avoir fait «Jeunesse d'Aujourd'hui», le téléphone de mon gérant n'a pas dérougi. Ce succès fulgurant m'a obligée à déménager à Montréal. J'ai été entraînée malgré moi dans cette vie nouvelle. Il m'arrivait tellement de choses innattendues que je sombrais régulièrement dans la dépression. L'année précédente, je menais une vie toute simple, et je me voyais tout à coup portée vers les sommets de la gloire. Dès cette période de bouleversements intenses, j'ai deviné que mon cheminement était à tout jamais dévié. Pour le meilleur ou pour le pire? Seul l'avenir allait pouvoir le démontrer...

Malgré le succès qui happait ma vie, je demeurais toujours la fille la plus complexée de la terre. Je me souviens que lorsque je suis arrivée à Montréal, je craignais tellement de faire une gaffe, que je n'osais même pas manger lorsque j'allais dans les restaurants, prétendant que je n'avais pas faim à ceux qui m'accompagnaient. Je m'accusais des pires choses. Un an plus tard, j'ai commencé à devenir une alcoolique active. Quand j'avais pris un verre ou deux, j'en voulais encore davantage à mon père.

En 1972, Monsieur Sawyer, l'homme que j'avais toujours aimé comme un père, est décédé. Mes parents étaient en vacances en Arizona cette semaine-là. Brisée par la douleur, j'ai réussi à rejoindre ma mère à quatre heures du matin. Dans ma rancune, je lui ai dit sèchement: «Tu diras à ton mari que mon père vient de mourir. Pourquoi n'est-ce pas lui qui est mort à sa place?» Après ce téléphone, j'ai refusé d'avoir le moindre contact avec mon père pendant deux ans, jusqu'au jour où ma mère m'a invitée à venir à la maison pour son anniversaire. Je l'avais fait uniquement pour elle. À la naissance de mon fils, ma relation avec mon père a évolué pour le mieux. Pour la toute première fois, je prenais conscience de ce que représentait le fait d'avoir un enfant en vivant de ce métier instable qu'est le monde du spectacle. Je me rapprochais doucement de lui, mais ce n'est que très récemment que je lui ai absolument tout pardonné et que j'ai appris à faire de lui mon plus fidèle confident. Je sais que mon alcoolisme l'a beaucoup peiné. Comme il avait toujours vécu dans la crainte des qu'en-dira-t-on, il considérait que c'était la chanteuse Renée Martel qui était aux prises avec cet esclavage, et non pas sa fille. Il m'aura fallu des années de patience et de dialogue avant de lui faire comprendre que j'étais d'abord et avant tout un être humain avec ses qualités et ses défauts, ses moments fabuleux et ses périodes dramatiques. Humblement, il en est venu à comprendre qu'il n'avait pas besoin de se battre et d'essayer de se prouver pour devenir un père attentif et affectueux.

Chapitre II
La déveine financière

*L'argent donne tout ce qui semble
aux autres le bonheur.*

— Henri de RÉGNIER

Jusqu'à l'âge de 20 ans, je n'ai jamais eu beaucoup d'argent même si je travaillais déjà depuis une quinzaine d'années. Lorsque j'ai commencé à faire des émissions à CHLT avec mon père, je recevais quinze dollars par semaine pour sept jours de travail et l'enregistrement de trois émissions de télévision. À l'âge de 18 ans, je gagnais soixante dollars parce que j'avais quasiment fait une grève de la faim pour persuader mon père de m'accorder une augmentation hebdomadaire de vingt dollars. Après avoir quitté la maison paternelle, j'ai travaillé comme maître de cérémonie dans les cabarets. Avec quatre-vingts dollars pour deux soirs de travail, j'arrivais difficilement à joindre les deux bouts et ma mère acceptait parfois de me donner un coup de main en m'envoyant un peu d'argent. Pendant les six mois qui ont précédé mon déménagement à Montréal, je ne travaillais pas du tout et j'étais découragée plus souvent qu'à mon tour de ne pas avoir un sou pour m'amuser comme le faisaient toutes les filles de mon âge.

Alors que j'habitais chez une dame amie de mes parents, je faisais parfois de longs périples en autobus pour aller chanter dans des cabarets éloignés de Forestville ou d'ailleurs. Une certaine semaine, j'ai gagné environ deux cents dollars, ce qui me semblait une petite fortune à l'époque. Après avoir déduit tous mes frais de transport, de vêtements et de maquillage, il ne me restait malheureusement presque plus rien en poche. Le soir où je suis revenue de Forestville, à deux heures du matin, épuisée par un trajet difficile, la dame s'est empressée de m'annoncer que je ne pouvais plus cohabiter avec elle parce que je n'aimais pas sa nourriture. Effectivement, je ne pouvais supporter de manger du spaghetti sept soirs sur sept, moi qui n'ai jamais été très friande de ce populaire mets italien. Découragée, elle avait téléphoné à ma mère pour lui apprendre qu'il était trop compliqué de me nourrir. À partir de ce moment-là, j'ai dû acheter mes propres aliments, ce qui augmentait considérablement mes frais hebdomadaires puisque je n'avais aucun revenu régulier.

Ce n'est qu'après avoir été élue la Révélation de l'Année 1968 que j'ai commencé à faire de l'argent. Pendant l'été 68, j'ai fait partie de la célèbre tournée Musicorama qui a passé dans toutes les grandes villes de la province. Pour la première fois de ma vie, je me retrouvais subitement avec des sommes importantes. Ne connaissant rien à l'économie, n'ayant jamais eu de chèques importants dans le passé pour pouvoir me monter un compte de banque, je me suis rapidement mise à m'endetter. Je me souviens d'avoir immédiatement acheté une voiture avec les gains que j'avais récoltés pendant cette série de spectacles. Puis, j'ai commencé à entrer dans un cercle vicieux sur le plan financier. Tout ce que je n'avais jamais pu me procurer dans le passé, que j'en aie besoin ou non, je l'achetais sur un coup de tête. Je me récompensais en ne me refusant absolument rien, allant même jusqu'à m'acheter deux manteaux de fourrure plutôt qu'un. Sur le plan vestimentaire, j'étais peut-être la chanteuse la mieux habillée en ville. J'achetais des robes de deux ou trois cents dollars que je ne portais qu'une seule fois, comme seule pouvait se le permettre une Jackie Kennedy. Comme toutes les personnes instables, je pouvais changer la décoration et l'ameublement de mon appartement plusieurs fois en l'espace de quelques mois. Lorsque des amis venaient chez moi, je m'empressais de leur donner tout ce qu'ils trouvaient beau, même si j'avais payé une fortune pour une robe, un bijou ou un objet quelconque. Je n'avais plus aucune limite, et malheur à celui ou à celle qui aurait osé me dire que je dépensais trop. Au contraire, plusieurs — les faux amis — ont bien profité de ma générosité sans réserves. Je fréquentais toujours les mêmes boutiques car j'ai toujours détesté chercher des choses dans les magasins. Lorsque la folie de dépenser m'envahissait, je téléphonais à celui ou celle qui était en charge de la boutique choisie, et je lui disais: «Attendez-moi, j'arrive.» Ils étaient toujours très heureux de me voir... Dans les restaurants, je payais la note pour toute la table et je prenais soin de toujours sélectionner la meilleure bouteille offerte sur la carte. Il fallait absolument que tout coûte cher. Il m'arrivait même parfois d'acheter un article que j'aimais moins que l'autre à côté seulement parce qu'il était plus dispendieux. Le côté positif de toutes ces dépenses inutiles, c'est que j'ai développé un goût très raffiné avec le temps pour les vêtements et les objets de qualité. Sans compter les bons vins... Tout ce que je voulais prouver à l'époque, c'était que j'avais de la classe. Ceux qui se demandent aujourd'hui où est allé tout mon argent, c'est uniquement là. Même si je gagnais des sommes de plus en plus intéressantes, je n'avais jamais un sou en banque. Voulant profiter de tout ce qui se présentait sur mon passage, je ne sortais jamais sans avoir quatre ou cinq cents dollars dans mon portefeuille. Si je n'avais que cent dollars, je refusais de mettre un pied hors de la maison par crainte de m'ennuyer. Et comme je n'aimais pas sortir seule, j'invitais toujours un ami ou une connaissance à m'accompagner, ce qui ne faisait que doubler mes dépenses.

Ce qui étonnait toujours mon entourage pendant ces années vécues sous le signe du grand luxe, c'est que je n'avais jamais d'argent au début du mois pour payer mon loyer. Tout s'était envolé dans les restaurants, les boutiques, les garages, etc. Même si mon appartement ne coûtait pas cher, il me manquait toujours quelque cent dollars pour régler ma dette. Un matin, sous le coup de l'impulsion, je me suis mise à penser que ma voiture avait besoin d'une vérification à tous les mois. Le garagiste qui me recevait était lui aussi emballé lorsqu'il me voyait arriver. À la fin de chaque mois, je recevais un compte de cent-cinquante ou deux cents dollars pour une vérification qu'il ne faisait probablement jamais. Un peu plus tard, j'ai décidé de changer ma voiture pour une Oldsmobile Delta Royale toute équipée à quatre portes. Une vraie voiture familiale qui me coûtait les yeux de la tête! Comme pour mon autre voiture, je l'envoyais tous les mois au garage. Il n'y avait rien de trop beau pour moi. J'avais même loué une chambre pour toute l'année dans un hôtel de Sherbrooke où je n'allais pas très souvent. Que j'y aille ou non, cette location ne me coûtait pas moins de deux cents dollars par semaine.

Une de mes pires ignorances à l'époque était de croire que l'amitié et l'amour s'achetaient. J'étais prête à mettre n'importe quel prix pour me les attirer. Lorsque j'étais plus jeune, je me disais que le jour où j'aurais de l'argent, je l'investirais uniquement dans l'amour et l'amitié. J'ai pris treize années avant de me rendre compte que ceux et celles qui étaient attirés par mon argent et ma réputation n'étaient guère de vrais amis. J'ai dû payer très cher pour l'apprendre. Je ne m'accordais tellement pas de valeur personnelle que j'étais convaincue qu'aucune personne ne voudrait me fréquenter si je ne payais pas toutes ses dépenses. Enfant et adolescente, personne n'avait pris le temps de me faire découvrir mes qualités; j'étais donc persuadée d'en avoir aucune.

Malgré les milliers de dollars que je dépensais, j'étais quand même triste lorsque je rentrais chez moi, toujours seule. Je sentais un vide en moi mais je ne comprenais pas du tout ce qui me manquait ou ce qui ne fonctionnait pas dans ma vie. J'avais pourtant l'impression de tout avoir pour être comblée: une carrière en pleine ascension, un revenu de plus en plus intéressant et des amis en quantité... Je n'arrivais pas à mettre le doigt sur la ou les raisons qui emplissaient mon existence de déception et d'amertume. Je trouvais toutefois fantastique, à 21 ans, après tant d'années passées à n'avoir pas un sou, de faire tout à coup de cent à cent-cinquante mille dollars par année.

Après dix années à ce rythme, j'ai fait un million et demi de dollars bruts, mais je n'avais jamais assez d'argent. Puis est survenu l'événement épouvantable qui allait marquer les années suivantes. L'impôt m'a réclamé une somme non payée de plusieurs milliers de dollars. Tous mes rapports d'impôt étaient établis par le comptable de l'un de mes amis qui avait essayé de passer le plus de revenus possibles sous la table. Comme je ne connaissais absolument rien à toute cette paperasse, je me fiais entièrement à lui. C'est à partir de ce moment-là que j'ai commencé à m'endetter sans plus pouvoir me rattraper. J'empruntais partout où je le pouvais pour arriver à rembourser une somme astronomique de sept cents dollars par mois. En 1973, c'était énorme. Sept cents dollars pour payer l'impôt avant même de payer loyer, nourriture, vêtements, etc. À cette époque, j'étais enceinte de mon fils. Même pendant mon séjour à l'hôpital, des fonctionnaires zélés ont téléphoné à mon comptable pour condamner le retard de mon paiement. Celui-ci leur répondait que j'étais sur un lit d'hôpital et que je ne pouvais quand même pas chanter devant les autres patients pour les rembourser au plus vite. «Dès qu'elle recommencera à travailler, leur a-t-il dit pour les calmer, elle vous payera la somme due.» Trois jours après mon accouchement, le mardi après Pâques, ils lui ont téléphoné une autre fois pour se plaindre. Pour moi, cette période allait marquer le début de la fin, du moins sur le plan financier. Insouciante et surtout inconsciente de l'ampleur de mes dettes, je continuais à rouler à cent milles à l'heure en achetant tout ce dont j'avais envie, utile ou non. Lorsque j'étais en tournée dans des villes éloignées, je me récompensais parce que je me trouvais valeureuse d'aller chanter à l'autre bout de la province pour gagner ma vie. Je payais la traite à tout le monde et je revenais à Montréal sans un sou.

Après avoir quitté le père de mon enfant, me sentant libre comme l'air, j'ai dépensé huit mille dollars pour aménager et décorer mon nouvel appartement. J'ai payé la jolie somme de quatre mille cinq cents dollars pour un tapis dont il ne me reste plus rien aujourd'hui. Ces huit mille dollars, je les ai évidemment empruntés, ajoutant ainsi une autre somme folle à ma dette accumulée. À l'âge de 29 ans, je me suis fait un devoir d'accepter tous les spectacles que l'on m'offrait afin d'essayer de récupérer un peu d'argent. Mais je ne pouvais jamais m'en sortir parce que l'impôt revenait constamment à la charge. Après avoir remboursé les milliers de dollars que je leur devais, ils m'ont condamnée pour une autre dette non payée d'une dizaine de milliers de dollars. J'ai dû emprunter encore une fois pour régler cette affaire. Ces problèmes financiers me stressaient tellement qu'il m'arrivait parfois de ne plus y penser afin de ne pas sombrer dans la dépression. Un jour mon gérant m'a offert d'administrer mes affaires. «Je te donnerai telle somme par semaine pour tes dépenses, a-t-il dit, et je m'occuperai de payer toutes tes dettes.» J'étais aux anges. Je pensais intérieurement que même si je n'avais pas les moyens de payer mes comptes à la fin du mois, il allait les régler quand même. Peu de temps après, Télé-Métropole m'a offert d'animer une série avec Patrick Norman. Tous mes cachets, que je remettais entièrement à mon nouvel administrateur, allaient servir à me monter un compte en banque. J'étais soulagée. Il a cependant eu le malheur de me dire qu'il avait réussi à accumuler huit mille dollars dans mon compte. Je me suis soudain sentie riche. J'ai acheté une maison à Chambly qui me coûtait environ huit cents dollars par mois et je devais aussi rencontrer les paiements de ma voiture, puis payer mes dettes à la banque et tout le reste.

À un moment donné, j'ai décidé de partir pour Porto Rico, deux semaines. Après ces quinze jours de vacances, j'ai téléphoné à Montréal pour faire venir mon fils auprès de moi. J'ai annulé un contrat que je devais remplir cette semaine-là et je suis finalement restée à Porto Rico, deux semaines de plus. Mon fils est arrivé le jour de son cinquième anniversaire. J'étais heureuse. Je me sentais au bout du monde, en me disant que personne ne pourrait venir me chercher ici pour m'obliger à aller travailler. J'ai défoncé les limites de crédit de toutes les cartes que j'avais en ma possession, en me donnant l'illusion que tout ce que je payais avec elles était gratuit.

De retour à Montréal, j'ai décidé quelques mois plus tard de changer ma voiture pour une Cadillac Séville afin d'impressionner un ami qui en possédait déjà une. Je n'avais évidemment pas l'argent nécessaire pour me permettre un tel luxe. À force d'avoir de nombreux problèmes avec cette voiture, je suis allée au garage pour en choisir une autre: rien de moins qu'une Continentale de vingt-deux mille dollars.

Depuis quelques mois, mon administrateur me parlait de mes problèmes financiers qui prenaient des proportions insensées à cause de mon manque de logique. «Il serait nécessaire que l'on s'asseoit pour en parler, m'a-t-il dit.» Le fameux soir venu, je lui ai annoncé que je venais tout juste de signer pour une Continentale. Découragé, il m'a dit qu'il ne me comprenait pas et qu'il ne savait plus quoi faire pour me venir en aide. «Tu dois faire faillite, m'a-t-il annoncé.» Sachant qu'il avait raison, je suis retournée au garage le lendemain pour annuler mon contrat de vente. Au lieu d'une Continentale, j'allais me contenter d'une Mercury Grand Marquis... C'était moins cher, mais ça l'était encore beaucoup trop.

Peu de temps après, je suis allée consulter mon avocat en compagnie d'un ami qui me pressait de déclarer faillite. Nous sommes allés à la banque, nous avons établi le bilan de toutes mes dettes, puis nous nous sommes rendus compte que je n'avais jamais signé de papier avec la banque de mon administrateur confirmant que je les autorisais à me prêter de l'argent et à s'occuper de payer mes comptes. J'étais dans le rouge pour une somme de vingt mille dollars et c'était le gérant qui m'avançait toujours l'argent requis pour payer mes dettes extérieures. Étonné, celui-ci m'a demandé de signer le papier prouvant notre entente ainsi que ma dette de vingt mille dollars, mais mon avocat m'a empêchée de le faire. Cette histoire a malheureusement mis plusieurs personnes en mauvaise posture...

En calculant toutes mes dettes, j'ai vu que je devais environ cent vingt-cinq mille dollars à droite et à gauche. Je ne voulais pas faire faillite, mais je me suis finalement fiée à mon avocat qui m'a expliqué que c'était la seule façon de m'en sortir. Puis ont commencé les rencontres avec les syndics, lesquelles m'ont beaucoup angoissée. Mon orgueil en a pris un coup. Je ne vivais plus et quelques semaines plus tard, je tombais malade. J'ai vendu mon système de son et des huissiers sont venus récupérer le camion qui me servait à transporter mes musiciens et mon équipement lors de mes tournées. Ce week-end-là, comme je devais travailler et que les huissiers s'étaient pointés le vendredi après-midi, je leur ai demandé de m'accorder un sursis jusqu'au lundi. Peine perdue, ce n'est visiblement pas ainsi que l'on procède dans cet univers inflexible... Ma faillite m'a évidemment fait perdre ma maison et ma voiture. Je suis vite déménagée sur une ferme car on me courait après de tous les côtés.

Sur la ferme, j'ai commencé un autre épisode de ma vie sans argent. J'avais quand même réussi à me mettre quelques dollars de côté que j'avais gagnés avec mes plus récents contrats et que j'avais confiés à ma mère de peur de me les faire confisquer pendant que se réglait la faillite. Cette somme m'a permis de vivre simplement pendant quelques semaines, sans plus. Quelque temps auparavant, j'avais quitté le gérant qui me décrochait des contrats à travers la province car je considérais qu'il me réclamait un pourcentage beaucoup trop élevé. Insulté, il m'avait fait une mauvaise réputation auprès de toutes les agences de spectacles qui avaient à leur tour emboîté le pas pour me boycotter.

Lorsque j'ai réalisé le complot qui était en train de se tramer contre moi, j'ai décidé de retourner avec lui. Un peu plus tard, j'ai fait une tournée de spectacle-mode avec mon ami Pascal Normand.

Même après avoir déclaré faillite, je me suis retrouvée avec plusieurs dettes sur le dos. De plus je buvais régulièrement à cette époque, ce qui n'arrangeait rien. J'avais loué une voiture que je n'étais plus capable de payer. J'ai dû débourser cinq cents dollars afin de résilier le contrat qui m'engageait auprès de la compagnie de location. Incapable de diminuer mes dépenses et de changer mon train de vie, je multipliais encore une fois dette après dette. Ma vie sur la ferme n'a pas été des plus roses. Dès sept heures du soir, je prenais un verre pour m'assommer car j'avais trop peur de rester seule dans cette maison. J'ai décidé de partir de cet endroit pour louer un condominium que j'ai eu évidemment du mal à payer tous les débuts de mois. Malgré tout, je n'ai pas hésité à changer quelques meubles et à acheter des rideaux et des tapis neufs. Cette fantaisie m'a coûté cinq mille dollars que je ne possédais pas. J'ai beaucoup travaillé pour réussir à tout payer. Pendant la tournée de la Grande Rétro, j'ai réussi à ramasser un peu d'argent avec lequel j'ai acheté une Honda Civic 78. Celui qui me l'a vendue, qui avait la prétention d'être mon ami, m'a fait payer trois mille dollars alors qu'elle ne devait en coûter que mille cinq cents. De plus elle était accidentée et j'avais peur de me tuer lorsque j'étais au volant.

Lorsque j'ai décidé d'entrer en thérapie, je possédais en tout et partout la somme de cinq cents dollars et lorsque j'en suis sortie il ne m'en restait plus que treize. Mon loyer n'était pas payé, et j'avais réussi à me ramasser vingt-cinq mille dollars de dettes. J'ai mangé des rôties pendant un mois et demi sans vouloir le dire à personne. Mon problème d'argent et d'alcool m'avait conduite au plus profond du gouffre. J'avais la chance d'avoir ma mère qui m'envoyait un peu d'argent quand elle le pouvait. Au mois de décembre 1981, j'ai sombré dans une rechute. À cause d'un manque d'argent, j'ai dû quitter mon logement en mars, et par bonheur mon gérant a eu la gentillesse de m'avancer de l'argent de temps à autre. Je n'étais plus du tout capable de reprendre le dessus; je n'avais ni la force ni le courage de me relever. Je savais que j'étais aux prises avec un grave problème d'alcool et que je nageais en pleine rechute, mais je ne pouvais pas m'engager dans la porte de sortie. Rien ne marchait plus jusqu'au jour où je suis rentrée pour la seconde fois en clinique de désintoxication.

Après cette deuxième cure, je suis restée chez moi pendant un mois sans travailler. J'avais la conviction que dans un avenir rapproché le soleil brillerait à nouveau pour moi et que je ferais beaucoup d'argent. Dans un élan de confiance, j'ai décidé de reprendre ma situation financière en main sans plus me fier à Pierre, Jean, Jacques. J'ai fait le bilan de mes dettes et j'ai pris la résolution de toutes les liquider sans recourir à la faillite. J'ai accepté tous les jobs que l'on m'offrait, qu'ils soient intéressants ou non. Le 1er juillet, lorsque j'ai commencé à travailler, j'avais vingt-trois mille dollars de dettes, et après une saison estivale très chargée sur le plan professionnel, il ne me restait plus que cinq mille dollars à régler. Malheureusement, je n'avais pas eu l'intelligence de me garder un peu d'argent pour vivre, et c'est ainsi que je me suis retrouvée encore une fois au point zéro. L'année suivante, j'ai recommencé à travailler au mois de juillet et grâce au succès de mon disque «C'est mon histoire» et aux émissions que celui-ci m'a permis de faire, j'ai réussi à gagner ma vie sans plus m'endetter. Aujourd'hui je me retrouve avec quelques petites dettes normales comme en ont tous ceux qui travaillent, mais je ne les accumule plus. C'est là une importante victoire qui m'aura demandé beaucoup de courage. Aujourd'hui j'accepte de sortir avec vingt-cinq dollars en poche alors qu'autrefois je ne mettais pas le bout du nez dehors si je n'avais pas quelques centaines de dollars sur moi. Après dix années de tiraillements quotidiens avec les problèmes d'ordre pécunier, je n'en pouvais plus de me battre. Je me souviens des soirées entières que j'ai passées à calculer mes gains et mes pertes dans un grand cahier. Une journée de l'hiver 82, j'ai ramassé toutes les pièces de un cent qui traînaient dans la maison, et à la banque on m'a donné cinquante dollars avec lesquels j'ai pu aller faire le marché. À cette époque j'étais en période de réhabilitation depuis quelques mois et je n'ai pas été portée à retoucher à l'alcool malgré tous ces embarras. Je me disais que je pourrais être dans une situation encore pire et que je me devais de tenir le coup sans fléchir. Quelque chose en moi m'assurait que j'allais bientôt connaître des jours meilleurs.

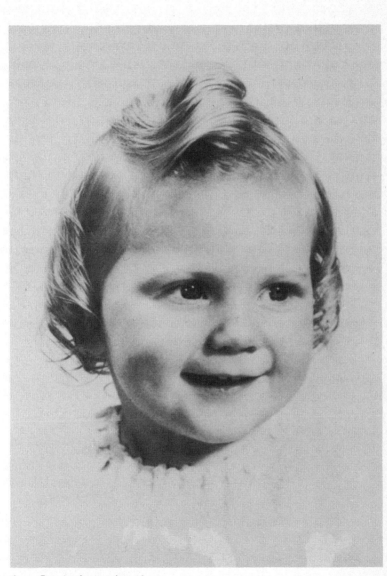

1 an. La vie s'ouvre à moi.

À 3 ans, dans la voiture de papa.

Ma première Communion, en compagnie de mon amie Lizette que mes parents ont failli adopter.

Lors de mon séjour à l'orphelinat, je chantais parfois des cantiques.

De petites copines partageaient mes loisirs.

À mon anniversaire de quatre ans.

Un jour de visite de mes parents.

Ma Communion Solonnelle; j'ai douze ans.

M. et Madame Sawyer qui me gardaient et qui sont devenus ma seconde famille.

Photo officielle de maman à titre d'artiste western.

Les années passent: 15 ans, 16 ans puis 17 ans.

Une grande fille qui s'amuse encore avec des poupées.

Première photo officielle, à l'âge de 18 ans.

En tournée, au début de ma carrière.

En coulisses, avec ma chienne Gigi, entre deux spectacles.

Sur la ferme de mon oncle au millieu des moutons.

Chapitre III
Une maladie physique doublée d'une obsession mentale

Il avait soif de la vie,
mais il croyait que c'était de la soif
tout court,
et il but du vin...

— Anton TCHEKHOV

L'alcoolisme est l'une des maladies du siècle qui fait le plus de ravages. Tant et aussi longtemps que notre société ne fera pas éclater tous les préjugés entourant la question, des hommes et des femmes, adolescents et adultes, devront continuer à souffrir en secret en pensant qu'ils sont les seuls au monde à vivre cet enfer. L'alcoolisme est une maladie physique doublée d'une obsession mentale. Certaines recherches scientifiques tendent à prouver qu'il s'agit d'une maladie héréditaire, tandis que d'autres prétendent qu'il s'agit d'une allergie qui pourrait s'attaquer aux individus sans que n'intervienne nécessairement le bagage génétique. Quoi qu'il en soit, l'alcoolisme agit sans discrimination aucune. Que l'on soit ouvrier, premier ministre, policier, infirmière, juge, prêtre ou restaurateur, cette maladie frappe sans se demander si sa victime est issue d'une classe sociale riche ou pauvre.

Pendant mes années d'alcoolisme actif, j'ai souffert de ne pouvoir en parler ouvertement parce qu'il s'agissait d'un sujet tabou. C'est probablement la chose dont j'ai le plus souffert. Mon éducation m'ayant appris à ne jamais faire le moindre geste sans penser aux qu'en-dira-t-on, je me suis rapidement refermée sur moi-même de peur d'être jugée ou pointée du doigt. Le fait d'être une artiste connue m'a aussi très souvent empêchée de me confier sans retenue. Je pensais intérieurement que Renée Martel la femme pouvait se permettre d'être alcoolique, mais pas Renée Martel la chanteuse. Par crainte d'être identifiée, je préférais rester seule avec mon problème. Aujourd'hui encore, dans la plupart des familles, on parle de l'alcoolisme à voix basse, le plus discrètement possible. La toute première fois que j'ai fait une thérapie, je n'en croyais pas mes oreilles lorsque j'entendais les autres parler de l'alcoolisme comme si on les avait questionnés sur la pluie et le beau temps. Je les trouvais presque audacieux de s'afficher ainsi devant les autres membres du groupe. Combien de fois avons-nous entendu dire que l'homme ou la femme alcoolique était la honte de la famille et que son problème était aussi pire qu'un crime? Ces préjugés sont tellement bien ancrés dans la conscience collective que les personnes aux prises avec un tel cas refusent de se confier.

L'alcoolisme n'a pourtant rien d'un crime. Une personne prédisposée à devenir alcoolique, peut-être à cause de son éducation autoritaire et à force d'accumuler et de refouler des émotions, des regrets et des sentiments, finira par prendre son premier verre et entrer ainsi dans un cercle vicieux dont elle aura du mal à se libérer. Les noeuds sont de plus en plus nombreux et serrés, requérant un défoulement de plus en plus grand. Après un ou plusieurs verres, l'alcoolique sent que ses noeuds se défont et qu'il est capable de parler à n'importe qui sans aucune gêne. Et c'est ainsi qu'il commence à devenir un alcoolique actif jusqu'à ce que sa situation devienne des plus pénibles. Je ne serais pas honnête de dire que je n'ai eu que des moments difficiles lorsque je buvais régulièrement. Mais, si j'avais toujours eu du plaisir, je boirais encore aujourd'hui car je n'aurais jamais éprouvé le besoin de m'arrêter.

Un homme ou une femme qui prend un ou deux verres par jour et qui sait s'arrêter n'est pas un alcoolique. Un buveur social, c'est quelqu'un qui prend quelques verres d'alcool et qui laisse la moitié du dernier parce qu'il n'a plus soif. Un alcoolique, au contraire, ne laisse jamais la moitié d'un verre sur la table car il a toujours soif d'alcool. Un alcoolique ne boit pas nécessairement tous les jours. Lorsque je dis que je buvais régulièrement, cela ne signifie pas que je m'enivrais jour après jour. La quantité d'alcool n'est pas importante pour un alcoolique, surtout chez les femmes qui souffrent de cette maladie, probablement à cause de leur système qui supporte peut-être moins bien l'alcool que celui de l'homme. J'ai remarqué que les femmes s'aperçoivent beaucoup plus rapidement que les hommes de leur problème et qu'elles n'ont pas besoin d'attendre pendant vingt-cinq ans avant de se réveiller. Certaines le font, mais ce sont des exceptions selon moi. Elles ont souffert pendant des années de la croyance populaire voulant qu'une femme n'ait pas le droit d'être alcoolique. La situation est moins dramatique qu'autrefois pour elles, ce qui leur permet de faire face à leurs problèmes personnels assez tôt. Aujourd'hui elles n'ont plus besoin de se cacher ni d'avoir peur.

Lorsque j'ai commencé à prendre un verre, je ne le faisais qu'une ou deux fois par semaine au cours des premières années. Mais, chaque fois, c'était la catastrophe et je ne savais pas m'arrêter. Je n'ai jamais été une buveuse de tous les jours, sauf les deux dernières années alors que j'ai vraiment touché les bas-fonds. Que je prenne alors cinq ou six verres n'avait aucune importance; c'était l'effet que me procurait le premier qui démontrait clairement que j'étais alcoolique, comme c'est le cas pour tous ceux qui sont aux prises avec cet esclavage.

L'erreur de plusieurs conjoints, amis ou familles, est de penser que l'alcoolique boit parce qu'il n'a pas la volonté d'arrêter. Ils utilisent tous les mêmes répliques: «Comment se fait-il que moi je sois capable d'arrêter et pas toi?» ou encore «Tu n'as pas de volonté, tu passes ta vie à faire des promesses.» Ce que ces gens ignorent peut-être, c'est que toutes ces phrases n'ont qu'un seul effet, celui de donner à l'alcoolique l'envie de boire encore davantage. On s'imagine aussi qu'un alcoolique est un homme couché sur un banc dans un parc public et que son univers en est un de déchéance totale. Moi je n'ai jamais dormi sur un banc, mais mon Carré Viger je l'ai vécu intérieurement comme la plupart des alcooliques. Je me sentais abandonnée, seule au monde, complètement déchirée et démunie. Lorsque j'avais très mal, il m'arrivait de parler très fort pour masquer ma douleur, parce que je n'aimais pas que les autres me découvrent ou devinent ma souffrance.

L'alcool ne procure pas les mêmes effets à tout le monde. Ce n'est pas la quantité que l'on est capable d'absorber qui est un signe d'alcoolisme mais plutôt ce que déclenche le premier verre, la double personnalité qu'il invente et la soif insatiable qu'il provoque. Lorsque je prenais un verre, je devenais une autre fille, moi qui étais pourtant de nature douce et calme. Les personnes renfermées, tellement refoulées dans leur âme, ont probablement plus de chance de devenir alcooliques. Au début j'aimais cette double personnalité, mais après quelque temps je ne savais plus quoi faire pour m'en débarrasser. Lorsque je me réveillais le lendemain d'une de ces mémorables soirées, j'étais terriblement malheureuse.

Les alcooliques ont peur d'eux-mêmes et refusent de se voir tels qu'ils sont. Lorsque j'avais pris quelques verres, je romançais beaucoup ma vie aux yeux des autres, comme si dans la réalité elle avait manqué d'intérêt. Je ne m'aimais pas, je me trouvais ennuyeuse et j'étais persuadée que tout ce que je disais était ridicule. Lorsque quelqu'un me disait que j'étais belle ou que je chantais bien, je le repoussais avec agressivité. Je ne pouvais supporter les compliments, ne sachant jamais comment les prendre ni comment remercier celui ou celle qui me les faisait. Je croyais même que les quelques hommes que j'ai eus dans ma vie n'avaient accepté de partager mon quotidien que parce qu'ils me prenaient en pitié et voulaient me faire une faveur. Je me suis longtemps détestée de penser ainsi.

Encore maintenant, c'est un travail de tous les jours pour moi que d'accepter que les autres puissent m'apprécier ou m'aimer. Les alcooliques sont généralement très égoïstes et exigeants et ils préfèrent avoir des preuves tangibles plutôt que d'entendre de belles paroles. Ils ont un besoin fou d'être constamment rassurés. Je me souviens d'avoir provoqué des situations pour que l'autre me prouve qu'il m'aimait. Ses mots d'amour ne me suffisaient pas. J'entretenais des relations orageuses qui se retournaient souvent contre moi. Avec le temps, j'apprends à être plus souple dans mes relations. Je laisse le temps faire les choses, moi qui jadis n'aurais jamais cru qu'une amitié ou qu'un amour puisse connaître une évolution réelle. J'ai même pensé que la vie de couple se déroulait en deux temps, c'est-à-dire l'amour fou pendant les deux premiers mois et la chicane les trois années suivantes. Même si je n'étais pas du genre à aimer la polémique, disons que je faisais tout en mon pouvoir — consciemment ou inconsciemment — pour que la relation éclate à un moment donné.

Nous sommes privilégiés de vivre à une époque où

les médecins et les gouvernements multiplient les efforts pour que l'alcoolisme devienne un problème dont on discute librement sur la place publique. Autrefois les médecins se débarrassaient de leurs patients alcooliques en leur prescrivant des médicaments qui ne faisaient qu'augmenter leur dépendance aux substances artificielles. De nos jours les plus sages prennent le temps de prodiguer des conseils pratiques. Ils ne peuvent plus nier le problème; des jeunes de 10 ou 11 ans vont eux aussi les consulter parce qu'ils ont un problème d'alcool. À Los Angeles, en Californie, il y a une école pour les enfants alcooliques âgés de 9 à 11 ans. Imaginez les parents qui voient leur fils ou leur fille du niveau primaire qui est déjà rendu en thérapie... Les enfants sont parfois naïfs car ils ignorent ce que l'alcool ou la drogue leur causera comme dommages à long terme. Ils ne se préoccupent que de l'évasion que cela leur procure sur le moment. Si l'on tient à ce que cette maladie ne fasse pas plus de ravages dans cette couche de la population et chez les adultes, la société bien pensante devra enlever ses oeillères. Il n'est pas facile pour un enfant, un adolescent ou un adulte, de s'avouer vaincu par une bouteille d'alcool. Certains sont mêmes disposés à boire un alcool de très mauvaise qualité lorsqu'ils n'ont plus l'argent nécessaire à l'achat d'une bonne bouteille. À un certain moment de l'évolution de leur maladie, qu'ils aient 12, 35 ou 60 ans, ils en viendront à cacher leur bouteille afin de pouvoir prendre une gorgée à n'importe quelle heure de la journée. Que ce soit dans leur casier à l'école, dans leurs casseroles à la maison ou dans le coffre arrière de leur voiture, leur geste sera le même: essayer d'échapper à la surveillance condamnatoire d'un professeur, d'un parent ou d'un conjoint qui ne comprend ou qui n'accepte pas.

Je me considère privilégiée d'avoir vécu seule à l'époque où je buvais régulièrement. Je n'ai jamais eu à cacher une bouteille dans la maison puisque j'étais entièrement libre de mes faits et gestes. J'aurais probablement fait beaucoup souffrir mon enfant ou mon conjoint si celui-ci ou celui-là s'était aperçu un jour de mes cachettes. L'alcoolique n'a pas besoin d'avoir d'excuses justifiées pour boire car il s'en invente toujours d'excellentes en cas de besoin. Il boit parce qu'il est heureux ou malheureux et même parce qu'il n'a pas assez de joie ou de peine. La seule véritable raison est toute autre: l'alcoolique boit uniquement parce qu'il a soif, mais il refuse de se l'admettre.

Si les alcooliques sont spécialistes dans l'art de faire des promesses, ce n'est pas parce qu'ils veulent mentir à leur entourage. Ils promettent parce qu'ils éprouvent des remords sincères à l'égard de leur famille ou de leurs amis. On pense qu'ils n'ont pas de volonté, mais la vérité c'est qu'ils sont incapables d'arrêter. Ils promettent parce qu'ils veulent faire plaisir à leur entourage, surtout à leur femme ou à leurs enfants qu'ils voient malheureux. Comme je vivais en célibataire, je ne faisais pas ce genre de promesses. J'étais seule à tous les points de vue et je voulais donner aux autres l'image d'une femme forte et solide qui n'a besoin de personne. Pendant les dernières années de mon alcoolisme actif, cette solitude que je n'avais pas choisie me fournissait une autre excellente raison pour boire. J'avais l'impression d'avoir raté ma vie.

La plupart des alcooliques que j'ai rencontrés ont vécu des situations tendues avec leur conjoint. Certains qui ont arrêté de boire ont décidé de divorcer un an après le début de leur réhabilitation. Plusieurs m'ont dit que j'avais beaucoup de mérite de m'en être sortie toute seule, sans l'appui d'un homme dans ma vie. Ils ont peut-être raison, mais d'un autre côté je n'aurais pas voulu vivre avec quelqu'un qui ne m'aurait pas comprise. Lorsque je rentrais chez moi, j'avais la chance de ne pas être accueillie par un homme me faisant d'éternels reproches. À l'époque, je détestais et j'aimais ma solitude dans mon esprit confus. J'avais la réputation d'être la fille la plus libre en ville mais je n'ai jamais abusé de cette liberté. Encore aujourd'hui, j'aime posséder une entière liberté mais je n'en profite que très rarement. Je suis plutôt casanière, j'aime cela. Le premier été qui a suivi le début de ma réhabilitation, je ne suis pas du tout sortie le soir. Je regardais la télévision, je lisais, je pensais. Toute cette période de farniente m'a permis de récupérer mon énergie. Lorsque l'on arrête de boire, on se sent complètement épuisé car notre physique et notre mental sont à zéro. Boire régulièrement est une activité extrêmement fatigante. Plusieurs de mes amis me téléphonaient pour m'inviter à sortir mais je n'avais envie de voir personne. J'avais besoin de me retrouver dans mes affaires et de me sentir chez moi. Lorsqu'est venu le temps de faire la promotion de mon microsillon «C'est mon histoire», cela m'a demandé beaucoup d'efforts avant d'aimer rencontrer les gens et leur parler. J'étais encore sauvage.

Lorsque j'ai eu envie de me consacrer à nouveau à ma carrière d'une façon plus sérieuse, je me suis dit que ce serait agréable de faire sur disque un genre de bilan de mes trente années de vie artistique. Je savais que le public me suivait depuis que j'avais l'âge de six ans et qu'il serait sûrement heureux que je fasse le point. Ce disque aura été un point final et un nouveau départ pour moi. Je savais aussi que le fait de retravailler avec mon père contribuerait à améliorer davantage notre relation. Je voulais lui prouver que je ne lui en voulais pas et que j'étais encore capable de travailler amicalement avec lui. Cette collaboration a apporté beaucoup de succès à nos liens familiaux et professionnels. Nous avons fait une importante tournée de promotion à travers la province, ce qui nous a donné l'opportunité de discuter et, par le fait même, de nous redécouvrir. Il s'est rendu compte que je n'étais plus la petite fille de 13 ou 14 ans qui acceptait tout sans rien dire. Pendant le mois de mai, il est venu passer quelques jours chez moi à deux ou trois reprises. Cela m'a fait énormément de bien. Nous sommes allés manger en tête-à-tête et j'ai profité de l'occasion pour lui dire que je l'aimais et que j'étais heureuse que notre relation prenne cette direction. Je lui ai confié qu'il m'arrivait souvent de penser à lui et de m'ennuyer de sa présence. C'était la première fois en trente-cinq ans que j'avais envie d'être en sa compagnie. Je l'ai rendu très heureux en lui disant simplement ce que j'avais sur le coeur. J'ai compris qu'il m'avait toujours aimée et qu'il s'était longtemps senti coupable d'être incapable de me manifester son affection, sa tendresse et son amour. Je respecte le cheminement qui a été le sien et je présume qu'il a eu de bonnes raisons d'agir comme il l'a fait. Depuis ce temps, mon père me téléphone plusieurs fois par semaine. Un jour, alors que j'avais des problèmes personnels qui me peinaient, je suis allée passer quelques jours chez mes parents. Aujourd'hui je ne reste plus seule lorsque je vis des situations difficiles car je veux m'en sortir le plus tôt possible. Nous nous sommes beaucoup amusés, car pour la première fois en seize ans, nous nous retrouvions seuls mon frère, nos parents et moi. J'ai vu que mon père était très touché que nous soyions enfin réunis, seuls tous les quatre, dans un contexte très positif. À un moment donné, je me suis retirée dans ma chambre parce que mon problème personnel continuait à me chagriner. Mon père est venu me retrouver

là et, pour la première fois en trente-six ans, il m'a ser-
rée dans ses bras et j'ai pleuré. Pour la première fois de
ma vie, je sentais que c'était mon père et non pas le
chanteur qui était à mes côtés. Cette marque d'affection de sa part m'a fait tellement de bien que j'ai pleuré
deux fois plus que la peine que j'avais au départ. Il s'est
assis et nous avons parlé pendant quatre heures. Il m'a
expliqué pourquoi la vie avait fait de moi une alcoolique et quelles étaient les choses en moi qui m'avaient
poussée à le devenir. Il m'a avoué que j'avais recherché
de l'affection pendant toute ma vie et que son regret
était de n'avoir pas su m'en donner. Je l'avais toujours
su, mais qu'il me le dise de sa propre bouche a fait que
je lui ai immédiatement tout pardonné. C'était la plus
belle chose qu'il pouvait me dire. J'avais attendu ce moment-là pendant plus de trente ans, qu'il vienne
s'asseoir près de moi et qu'il me parle comme un vrai
père compréhensif. Il lui arrive parfois de me dire qu'il
aimerait bien que j'aie encore neuf ans et que notre relation soit celle qui nous unit aujourd'hui. Je lui demande alors de ne rien regretter et d'être plutôt heureux
que nous en soyions arrivés à nous retrouver. Ma mère
est très contente de ce qui nous arrive. Jusqu'alors elle
avait toujours servi de trait d'union entre nous deux en
essayant d'arranger les choses pour le mieux.

Ma plus grande joie, à travers toutes ces épreuves,
est d'avoir pu m'en tirer enrichie à tous les niveaux de
mon être. Les séquelles auront été temporaires; je me
retrouve aujourd'hui avec les mêmes capacités physiques et mentales qu'autrefois.

Il m'est déjà arrivé de rencontrer des personnes
qui présentaient des comportements identiques à ceux
des alcooliques et qui étaient aux prises avec les mêmes
problèmes sauf qu'elles n'étaient pas esclaves de l'al-

cool. Je me dis souvent qu'elles auraient intérêt à boire pendant un certain temps afin de réaliser que leurs attitudes ont besoin d'être révisées.

Les alcooliques actifs ne pourront arrêter de boire que lorsqu'ils auront décidé eux-mêmes et pour eux-mêmes de s'en sortir. Même si leurs meilleurs amis veulent les aider, les résultats seront vains tant et aussi longtemps que l'alcoolique n'aura pas fait lui-même une prise de conscience majeure. S'il continue à offrir la moindre résistance, personne ne pourra lui porter secours. J'ai personnellement l'impression, et mon expérience me l'a prouvé, que l'homme ou la femme alcoolique doit avoir connu suffisamment de souffrance du corps et de l'âme avant de vouloir vivre une réhabilitation à tout prix. Ceci exige une honnêteté totale envers lui-même. Celui ou celle qui continue de se mentir s'illusionne lorsqu'il prétend qu'il pourra vaincre son esclavage. Il faut absolument qu'il en vienne à penser qu'il est prêt à faire tout en son pouvoir pour remédier à sa situation dramatique. Ce n'est qu'après avoir franchi cette première étape qu'il pourra souhaiter l'aide d'une ou de plusieurs autres personnes.

Je me souviens du jour où quelqu'un m'avait dit: «Maintenant que tu as arrêté de boire, tu serais mieux de ne jamais plus recommencer sinon tu vas te faire parler.» Je lui ai expliqué que je n'avais pas choisi la sobriété pour plaire aux autres mais d'abord et avant tout pour être mieux dans ma peau. Je suis la seule à savoir quels sont les efforts que je dois déployer quotidiennement afin de ne pas rechuter. Je le fais pour moi sans me préoccuper de l'opinion de mon entourage. Je sais qu'il est très pénible de vivre une rechute et jusqu'où cela peut mener l'alcoolique. J'ai souffert de cette expérience après ma première thérapie et je n'ai pas envie de revivre cet état infernal. En principe, ceux qui rechutent sont ceux qui se croient assez forts pour prendre un verre sans s'enivrer. Ils pensent qu'ils sont guéris de leur alcoolisme et ils veulent se récompenser de ne pas avoir pris d'alcool depuis longtemps. Malheureusement, l'alcoolisme est une maladie incurable, comme le diabète. On peut la contrôler et vivre le mieux possible avec, mais il ne faut pas s'imaginer qu'après dix ou vingt ans de sobriété on sera apte à recommencer à boire sans sombrer à nouveau dans un cercle vicieux. Ceux qui ont rechuté reviennent en thérapie deux fois plus abattus que la première fois car en général ils sont allés deux fois plus loin. Ils éprouvent soudainement des remords et admettent finalement qu'ils n'avaient rien compris au véritable sens d'une réhabilitation. Il faut une énorme dose d'humilité pour demander l'aide des autres après une rechute.

Une chose est importante: il y a toujours de l'espoir pour les alcooliques. Il n'y a aucun cas désespéré. À partir du moment où l'on a délibérément choisi de régler son problème, on n'a plus qu'à tendre la main pour qu'un autre nous la prenne. J'ai vu des alcooliques arriver de très loin, brisés par une misère physique et morale indescriptible. Aujourd'hui ils sont encore très loin, mais de l'autre côté, dans un univers qu'ils ont transformé pour le mieux. Plusieurs alcooliques qui sont à un pas de la réhabilitation font souvent l'erreur de retirer leur main lorsque l'autre vient pour leur tendre la leur.

Plus on parlera de l'alcoolisme, moins les alcooliques se sentiront isolés. Les films, les documentaires et les messages publicitaires que l'on consacre à ce problème contribuent grandement à le résoudre. Je déplore toutefois les émissions dramatiques qui nous montrent des alcooliques qui sautent sur leur bouteille dès qu'ils font face à la moindre difficulté. Ce ne sont pas là de bons exemples. Les auteurs de ces séries devraient plutôt nous faire voir des alcooliques qui font des efforts courageux de sobriété lorsque tout va mal plutôt que lorsque tout va bien. Personnellement, si j'avais bu chaque fois que j'ai eu un problème après ma deuxième thérapie, il y aurait longtemps que j'aurais re-sombré. Un artiste est continuellement exposé, de par son travail et ses rencontres, à des gens et à des situations qui exigent une force physique et mentale très grande de sa part.

Aux États-Unis, les média traitent du problème de l'alcoolisme d'une façon beaucoup plus dégagée que dans la plupart des autres pays. Dans les séries télévisées, il est fréquent de voir et d'entendre l'histoire d'un alcoolique en réhabilitation qui arrive à tenir le coup. L'émission «Hill Street Blues» nous donne un bon exemple d'un policier qui réussit à ne pas toucher à l'alcool depuis un bon moment. L'acteur incarnant ce rôle a été interviewé un jour à un talk-show et il a avoué simplement que la raison pour laquelle il avait beaucoup de facilité à jouer ce personnage résidait dans le fait qu'il était lui aussi un alcoolique en réhabilitation depuis sept ans. Les Américains ont compris que le fait de parler de l'alcoolisme sans préjugés aide ceux et celles qui vivent cette situation à prendre conscience de leur problème beaucoup plus tôt. J'ai beaucoup apprécié les films consacrés à l'alcoolisme mettant en vedette des acteurs aussi aimés du grand public que Carol Burnett, Dick van Dyke et Rosemary Clooney. Le génie de ces longs métrages, c'est que la plus grande partie du film traite de la réhabilitation et non pas de l'engouffrement de l'alcoolique dans son enfer personnel. Ce sont des oeuvres positives qui démontrent clairement qu'il est toujours possible de trouver une solution à son problème.

Le jour où le mot *alcoolisme* n'éveillera pas automatiquement une note négative dans la tête de la population, notre société aura fait preuve de son important degré d'évolution. Les média devraient se faire un devoir moral de ne pas ternir davantage l'image des alcooliques dans leurs émissions, leurs journaux ou leurs magazines. Les responsables de ces influentes institutions devraient détruire cette triste image de l'alcoolique qui retombe toujours plus bas malgré ses efforts. Un alcoolique pourra faire un grand pas vers la réhabilitation à partir du moment où il admettra, à lui-même et à son entourage, que sa vie est déséquilibrée à cause de sa dépendance à l'alcool. Ce problème fait partie de la vie, pourquoi ne pas l'accepter? Qui n'a pas un parent, un ami ou une relation soumis à cette difficulté quotidienne? Je sais que dans mon cas, mon cheminement a été ralenti parce que j'avais extrêmement peur de ce que les autres allaient penser, jusqu'à ce que je réalise que j'avais le choix entre cacher mon état pendant tout le reste de ma vie en étant malheureuse ou en témoigner honnêtement en espérant pouvoir m'en tirer le mieux possible avec la collaboration des autres.

Certaines familles ou certains conjoints éprouvent énormément de difficulté à vivre avec une personne alcoolique. Ces personnes peuvent aller dans certains groupes afin d'essayer de comprendre et d'accepter cette maladie qui frappe l'un des leurs. Ces rencontres n'ont pas pour but de glorifier les alcooliques mais plutôt de donner une chance à ceux qui partagent leur quotidien de vivre le plus normalement et le plus heureusement possible dans cette situation souvent très exigeante. Ces personnes devraient aussi comprendre que tant et aussi longtemps que la personne alcoolique n'aura pas envie de s'aider, aucune autre ne pourra lui donner un coup de pouce. Les alcooliques sont très intelligents et souvent très manipulateurs lorsqu'ils essaient d'attirer la pitié des autres. C'est alors à l'épouse ou à l'époux, aux enfants et aux amis, de décider s'ils veulent poursuivre leur vie avec cette personne. Ceux qui aiment suffisamment cette personne prendront tous les moyens nécessaires pour traverser cette épreuve avec elle; les autres choisiront de la quitter. Il ne faut pas discuter ces choix, chacun étant libre de décider ce qu'il entend faire de sa vie.

Depuis que j'ai emprunté un nouveau chemin, il m'arrive à moi aussi d'être parfois angoissée. Ce n'est pas parce que j'ai arrêté de boire que la société a changé pour autant. Je suis consciente d'avoir un problème, mais je ne veux jamais oublier d'où je viens car je ne veux absolument pas y retourner. Mon but premier est maintenant d'atteindre un parfait équilibre tout en sachant pertinemment qu'aucun être humain ne rejoint cet idéal sur terre. La perfection humaine n'existe pas, mais je ferai tout en mon pouvoir pour tenter de m'en rapprocher le plus possible. Je veux surtout apprendre à contrôler mes émotions pour être de plus en plus heureuse avec moi et avec les autres.

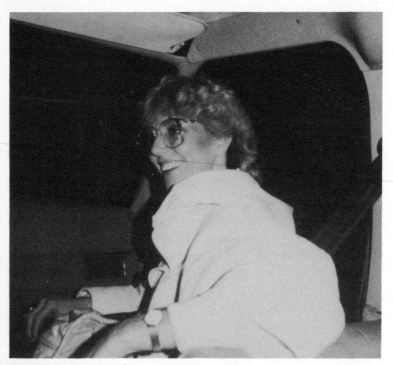
Plus récemment, lors d'une tournée en province.

Mon fils Dominique, à différentes époques: à huit mois

à 1 an et demie

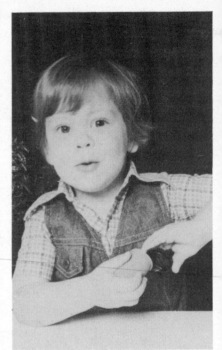

à 2 ans

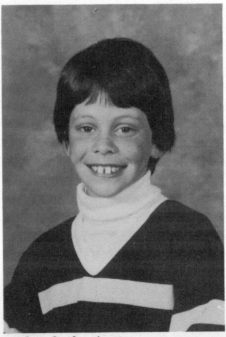

sa photo la plus récente.

à 6 ans avec ma chatte Cléo

Ne trouvez-vous pas une certaine ressemblance?

Une mère et son fils, à une pratique de hockey.

Deux hommes importants dans ma vie: mon père et mon fils.

Mon frère Mario et son fils Jean Sébastien.

Mes parents forment un couple heureux et ils s'aiment encore beaucoup.

Un père et une fille réunis par une même passion: la musique.

Chapitre IV
En plein coeur de l'enfer

La solitude est utile. Il faut parfois
ne parler qu'avec soi-même.
On entend alors de dures vérités ou
d'agréables mensonges selon
qu'on s'analyse ou qu'on s'imagine.

— Henri de RÉGNIER

J'ai toujours été consciente que je n'avais ni le système nerveux assez renforci ni l'énergie nécessaire pour boire activement. La toute première fois que j'ai découvert les effets de l'alcool, j'étais en tournée de spectacles avec mes parents. J'avais pris deux ou trois bières et Dieu sait si la bière ne me convient pas! Quelqu'un a eu le malheur de m'apprendre que si l'on mettait du cognac dans la bière, c'était très bon. J'avais été tellement malade ce soir-là que ma mère a failli faire venir le médecin vers quatre heures du matin. Un autre soir, un magicien m'avait offert un verre de rhum en disant: «Goûte à cela.» Par besoin de me faire admirer par lui, j'aurais voulu boire le 40 onces pour qu'il me dise que j'étais forte d'en prendre autant. Après quelques gorgées, j'ai été très malade au point de ne pouvoir monter sur scène. Cette fois on a appelé un médecin pour vrai car j'étais en train de mourir. Ma mère était désespérée et elle avait engueulé le magicien parce qu'il m'avait entraînée à prendre un verre. Mes deux premières expériences avec l'alcool sont toujours restées gravées dans ma mémoire. Je ne buvais pas encore régulièrement à cette époque. Ma mère m'apportait parfois quelques bouteilles de vin qu'elle s'était procurées aux États-Unis, mais je n'y goûtais que lorsque j'avais des invités à la maison.

À l'âge de 20 ans, je vivais toute seule à Montréal. Le jour de mes 21 ans, mes parents sont arrêtés à mon appartement pour une demi-heure, le temps de me faire souffler les chandelles sur le gâteau qu'ils m'avaient apporté et de prendre une photo avec leur appareil instamatique. Lorsqu'ils sont partis, j'étais tellement enragée de leur attitude que j'ai jeté le gâteau dans la poubelle. Je crois qu'il aurait été préférable qu'ils ne viennent pas du tout plutôt que de me bousculer dans le seul but de se donner bonne conscience en venant me voir le jour de mon anniversaire. À cette époque, l'âge de 21 ans marquait le début de la majorité; c'était un âge important qui donnait le signal de départ à une nouvelle vie adulte. Ce jour-là, personne ne m'a téléphoné pour me souhaiter bonne fête. Le soir même, je devais travailler en studio avec mon producteur qui était aussi l'homme de ma vie. Lui non plus n'avait même pas daigné me téléphoner pour me transmettre ses voeux. J'ai commencé à prendre quelques verres de vin avant de me rendre en studio car je n'acceptais pas du tout d'être toute seule chez moi le jour de mes 21 ans.

Lorsque je suis arrivée au studio d'enregistrement, j'avais le coeur à l'envers. Je devais chanter «Tous les arbres sont en fleurs» qui devait figurer sur un microsillon, et encore aujourd'hui, s'il m'arrive de réentendre ce disque, je revis les états d'âme qui m'avaient tant bouleversée ce soir-là. En me voyant, mon ami ne m'a même pas souhaité un joyeux anniversaire. Pendant la session, à bout de forces, je me suis mise à pleurer en plein milieu de l'enregistrement. Mon ami, étonné, m'a demandé: «Mais qu'est-ce que tu as?» Je lui ai répondu: «C'est seulement mon anniversaire.» Il m'a dit: «Désolé, bon anniversaire», puis il s'est empressé de faire rejouer la bande musicale, ce qui m'a beaucoup vexée. Après notre soirée de travail, il m'a emmenée prendre un verre, puis il est venu me conduire chez moi. À partir de ce moment-là, j'ai commencé à me consoler en prenant un peu de vin, en solitaire.

À travers toute cette angoisse, la star que j'étais n'avait personne à qui parler simplement comme un être humain normal. J'aimais mon métier, j'étais heureuse de vendre beaucoup de disques, mais je ne me sentais pas bien dans ma peau malgré toute cette gloire. Après avoir pris quelques verres, je réalisais tout à coup le vide de ma vie de femme. Tout allait trop vite dans ma vie professionnelle, et à force de m'étourdir, je n'avais plus le temps de vivre une vie équilibrée. Je savais que l'on m'aimait parce que j'étais populaire, mais une fois rendue chez moi, seule comme toujours, personne ne me téléphonait, sauf quelques journalistes insistants vers neuf heures du matin. Je n'avais aucun ami véritable et je ne savais jamais où aller lorsque j'avais envie de me changer les idées. En faisant le tour de mon carnet de numéros de téléphone, j'arrivais toujours rapidement à la lettre Z, découragée de ne pas avoir trouvé une seule personne à qui j'aurais pu me confier. Soir après soir, je trouvais la vie de plus en plus ennuyeuse et le temps de plus en plus long. Au fil des jours, je commençais à détester les gens avec qui je travaillais.

Lorsque je suis arrivée à Montréal, j'étais la fille la plus maniable, la plus influençable et la plus douce qui soit, bref l'appât rêvé pour les requins du milieu du showbusiness qui sont venus par centaines, tous plus rusés les uns que les autres. Tranquillement, j'ai commencé à voir clair dans leur jeu et à reconnaître qui étaient les plus honnêtes et les plus hypocrites. À cette époque je prenais un peu de drogue, mais sans jamais abuser, probablement parce que c'était la mode et que tous ceux qui m'entouraient étaient des adeptes.

De plus en plus soumise à l'alcool et au plaisir artificiel, je ne pensais plus de la même façon. Mes idées s'embrouillaient et tout ce qui m'arrivait était dramatique. J'imaginais les gens qui lisaient les journaux à potins et qui devaient envier la vie qu'ils croyaient mienne. Peu d'entre eux auraient pu soupçonner que leur existence était cent fois plus épanouie que la mienne et que j'étais seule au monde. Les artistes sont toujours seuls dans une foule, et les plus sensibles souffrent souvent de paranoïa. Parce que j'étais toujours seule, je choisissais volontairement de m'enivrer ou de fumer un joint avant de me coucher afin de m'endormir sans penser à mes problèmes. Certains jours je me confinais dans mon appartement à ne rien faire, et certains autres je travaillais comme une déchaînée dans les cabarets. Ce rythme irrégulier de vie me rendait hors de moi. Après les shows, je prenais un verre avec les musiciens, mais je n'ai jamais été du genre à boire un 40 onces. À la fin de la semaine, je me retrouvais la plupart du temps sans un sou à cause du salaire ridicule que je gagnais ou du pourcentage astronomique que je donnais à l'homme que j'aimais et qui prétendait être mon gérant, sauf qu'il ne m'a jamais décroché un seul contrat. Lorsque je me suis réveillée, encouragée par une amie, et que je lui ai appris qu'à partir de ce jour je ne lui verserais plus 20 p. cent de tous mes revenus, il a fait une crise épouvantable et c'est alors que j'ai compris qu'il était probablement fou.

L'année où j'ai été élue Révélation de l'Année, j'ai récolté ce que j'avais semé; mes efforts avaient finalement porté fruits. Le soir du Gala, j'étais accompagnée par cet homme dont j'étais encore amoureuse. Lorsque mon nom a été nommé, j'ai été tellement surprise que j'ai pris quelques secondes avant de me lever. Il m'a regardée et m'a dit: «C'est toi, stupide!» En entendant cela, je me suis reconnue parce qu'il m'avait toujours traitée de stupide. Mais ce soir-là, j'ai eu mal que l'homme que j'aime me dise ces mots pour me signifier de monter sur scène pour aller chercher mon trophée. C'est dans cet esprit très positif que je me suis levée sous les applaudissements de la salle. Chez cet homme, j'avais l'impression de retrouver mon père. Lui non plus ne m'a jamais témoigné sa tendresse ou son affection. Je me demandais souvent si le jour viendrait où je pourrais enfin vivre avec un homme vraiment sincère et affectueux.

Celui qui a suivi était très doux. Je l'ai fréquenté pendant deux ans. Je n'avais tellement pas l'habitude d'être aimée pour moi et non pour ma célébrité, que j'étais incapable de réagir. Trop de choses avaient marqué ma vie, dont l'alcool et la drogue. Cet homme vivait une vie beaucoup plus équilibrée que tout ce que j'avais connu jusque là. Il était rangé, solide, fiable. Incapable d'assumer cet amour, j'ai commencé à l'envahir en prétendant que c'était moi qui l'aimais et que lui n'avait pas le droit de m'aimer. Cette relation, par ma faute, fut le début véritable de mon alcoolisme. Par amour et respect pour lui, j'ai abandonné la drogue parce qu'il n'en prenait pas du tout, mais j'ai continué à m'enivrer. Il me reprochait souvent d'en prendre trop, mais je ne me préoccupais pas de son opinion. Cet homme est certainement celui qui a le plus souffert de mon alcoolisme. Je lui ai fait mal d'une façon incroyable, mais sans jamais en prendre conscience sur le coup. Lorsque nous nous sommes quittés, je n'ai pas voulu lui parler pendant sept ans parce que j'avais la conviction que tout était de sa faute. Quel égoïsme! Ce n'est qu'après avoir pris mon problème en main que j'ai réalisé tout ce qu'il avait dû supporter et souffrir à cause de moi. J'ai surtout compris qu'il m'avait aimée comme aucun autre homme ne l'avait encore fait. Pendant notre vie commune, lorsqu'il me serrait dans ses bras en me disant qu'il m'aimait, c'était trop fort pour moi. J'étais solidement persuadée qu'il était impossible qu'un homme m'aime pour la femme que j'étais. Frustrée de ne pouvoir répondre à son amour, j'allais me défouler ailleurs en causant des drames. Je n'étais ni assez forte ni assez équilibrée pour mener une vie calme et sans éclats. Nous nous sommes quittés deux fois. Lorsqu'il est parti la première fois, j'ai voulu mourir. Après un mois et demi de séparation, il est revenu, mais j'ai passé les deux années suivantes à lui en faire arracher. Il était constamment obligé de me retenir. À la fin, il a fait une dépression; je l'avais conduit jusque là. Je l'ai complètement vidé à tous les niveaux. Après notre rupture définitive, ma vie a changé. Je le détestais et je l'aimais en même temps, de plus en plus confuse dans mes idées et mes sentiments. Cet homme aura été la seule véritable peine d'amour de ma vie. Esclave de l'alcool, j'allais m'engouffrer encore davantage au cours des années suivantes. Il y a quelque temps, j'ai revu cet homme avec beaucoup de joie. Aujourd'hui, j'ai énormément de respect pour lui. Il est très intelligent et il a une tête solide. Nous vivons une belle amitié. Lorsque j'ai vu sa maison, au bord de la route, je lui ai dit: «Tu sais, dans le fond il était préférable que tu épouses une autre femme parce que je n'aurais jamais pu t'apporter tout ce que tu as aujourd'hui.» Son épouse est extraordinaire et ils mènent tous deux une vie simple et épanouie. Si nous nous étions mariés, nous aurions peut-être eu des enfants mais nous aurions certainement divorcé, gâchant ainsi une importante partie de sa vie. Aujourd'hui je serais apte à vivre une existence normale avec un homme, mais j'en aurais été incapable il y a quinze ans. Lors de notre rencontre, il m'a rappelé que je lui avais déjà dit ceci: «Je pense que je suis alcoolique parce que je suis incapable de monter sur scène sans avoir pris un verre.» J'avais oublié cela. Lorsque nous étions amoureux, il venait passer deux ou trois jours par semaine avec moi. Il ne prenait jamais un verre de trop, mais moi j'avais évidemment la mauvaise habitude de mélanger toutes sortes d'alcools et d'en boire plus que je ne l'aurais dû. Il me disait souvent qu'il n'aimait pas me voir boire autant, mais ses paroles ne m'encourageaient pas à modérer. Lorsqu'il repartait, le lundi matin, je souffrais inévitablement d'une crise de foie. Je faisais tout pour que ça aille mal entre nous, mais lorsque les choses tournaient au vinaigre, je déprimais car je craignais que tout s'écroule et que je le perde. J'étais horriblement mêlée. J'en voulais au succès de ma carrière en pensant que si je n'avais pas été chanteuse, j'aurais pu mener une vie de femme normale.

Lorsque nous nous sommes quittés pour de bon, j'ai fait une tentative de suicide dans sa maison. Mon attitude extrémiste ne me l'a pas ramené; au contraire, il était deux fois plus mêlé. C'est à partir de ce moment-là que je suis devenue agressive envers les hommes. Je n'avais plus la langue dans ma poche et combien d'artistes, de journalistes et de relations de travail ont dû souffrir de mon comportement. Mon caractère était intraitable et j'envoyais promener tout le monde d'une manière des plus audacieuses. Lorsque je me retrouvais seule chez moi, à jeun, j'essayais de comprendre ce qui me poussait à agir ainsi. Je vivais des sentiments incurables de culpabilité et de remords. Pendant l'été, je suis partie avec la tournée de spectacles Musicorama 71 avec Donald Lautrec, Liette et François, Diane Guérin

89

(aujourd'hui connue sous le pseudonyme de Belgazou), Steve Fiset, Nada et quelques autres. Ceux qui ont participé à cette tournée et qui m'en reparlent aujourd'hui ont la franchise de me dire à quel point j'étais insupportable à l'époque. Personne n'était capable de me comprendre ni de capter ce qui se brassait dans ma tête. J'étais la fille la plus difficile à vivre du showbusiness, à la fois névrosée, dangereuse et imprévisible. Aucun ne pouvait deviner comment, pourquoi ni quand j'allais réagir. Tout le monde vivait sur les nerfs. Je fumais de la marijuana et je buvais beaucoup. Mes réactions étaient violentes, si bien qu'à la fin de l'été j'étais complètement révoltée. Par exemple, cette histoire que je regrette beaucoup aujourd'hui. L'homme avec qui je venais de terminer ma relation m'avait toujours dit qu'il trouvait que j'avais l'air d'une madone avec mes longs cheveux. En y repensant, je me suis dit: «Il les aime mes cheveux, il va les avoir!» J'ai demandé à une copine de couper mes cheveux mais elle a d'abord refusé en sachant que cette folie briserait mon image publique de chanteuse. Lorsqu'ils ont été coupés, je les ai déposés dans une boîte et je les ai envoyés à mon ex-ami en prenant soin de lui écrire un mot cruel: «C'est pour mes cheveux que tu m'aimais, les voilà.» Je sais aujourd'hui que cela lui a fait très mal.

Après cette fantaisie guidée par un esprit de vengeance incontrôlable, je me suis retrouvée les cheveux très courts, ce qui transformait entièrement ma personnalité. Pour aller encore plus loin, je me suis mise à monter sur scène sans maquillage afin que le public me voie sous mon vrai jour. Je chantais aussi pieds nus, mais j'avais souvent une robe de trois ou quatre cents dollars sur le dos. Je sais que les gens en parlaient et cela m'encourageait à continuer. J'avais recommencé à fumer de la drogue, et je passais la plus grande partie de mon temps sans avoir tous mes esprits. C'est à cette époque que j'ai rencontré celui qui allait devenir le père de mon enfant. Pendant la première année, nous avons dû faire plusieurs ajustements et concessions l'un et l'autre. Cet homme était un autre spécimen de la même trempe que mon père, c'est-à-dire qu'il ne savait pas du tout comment me prouver sa tendresse. Comme mon père, il prenait plaisir à me lancer des platitudes publiquement. Je suis restée longtemps avec lui car j'avais l'habitude de me faire traiter de la sorte par la plupart des hommes. Nous avons vécu des moments terribles. Un soir, alors que rien n'allait plus entre nous, il m'a téléphoné pour me dire qu'il passerait une partie de la soirée en répétition jusqu'à huit heures. À cette époque, il m'arrivait souvent de prendre des somnifères avant de m'endormir. Il fut un temps où je dépendais davantage des pilules que de l'alcool. Sachant qu'il rentrerait plus tard, je me suis dit: «C'est ce soir ou jamais!» J'ai pris quarante-huit Valium-10 et quarante-huit somnifères. Je me suis assise sur le lit, un grand verre d'eau en main, puis j'ai téléphoné à mon père pour lui dire que je voulais en finir avec la vie. Il était sur une ligne, ma mère sur l'autre. Je lui ai dit que tout était de sa faute parce qu'il n'avait jamais su m'aimer ni me donner d'affection. Je lui ai tout débité ce que j'avais sur le coeur, entre autre que je le détestais, que je voulais mourir et que j'espérais qu'il ait ma mort sur la conscience jusqu'à la fin de ses jours. Je sais aujourd'hui que j'ai fait preuve de beaucoup de méchanceté à son égard, sans toutefois vouloir justifier si j'ai eu tort ou raison d'agir de la sorte.

Je ne veux pas essayer d'analyser les impulsions qui m'ont guidée ce jour-là. Pendant que je parlais avec lui, j'avalais les pilules une à une en lui disant au fur et à mesure combien j'en avais prises. Ma mère pleurait en me demandant de raccrocher pour qu'elle puisse appeler l'ambulance. Je refusais. Je commençais à déparler et c'est probablement à ce moment-là que ma mère a su profiter de ma vulnérabilité en m'ordonnant sur un ton autoritaire de déposer le récepteur. J'ai obéi. Elle m'avait avertie d'ouvrir la porte et je l'ai fait automatiquement, sans m'en rendre compte. À cinq heures et demie, mon ami est arrivé, sa répétition ayant été annulée. Il m'a trouvée allongée sur le lit, complètement abasourdi. Cinq minutes plus tard, l'ambulance arrivait. Il m'a raconté un jour qu'à l'hôpital l'infirmier lui avait dit de me tenir les yeux ouverts sinon je mourrais. On m'a fait six ou sept lavements d'estomac et pendant cinq jours je suis restée dans le coma. Cette tentative de suicide n'a pas attiré la pitié de mon ami pas plus qu'elle n'avait fait revenir celui que j'avais quitté quelques mois auparavant. Pendant ce séjour à l'hôpital, j'aurais pu perdre la voix à tout jamais à force de me faire râcler les parois de la gorge. J'ai eu de la difficulté à parler pendant les trois mois qui ont suivi. Le jeudi, j'ai repris conscience. La première chose que je me suis dite a été: «Tiens, tu es en vie.» Je ne savais pas du tout si j'en étais heureuse ou non. Après mon réveil, on m'a donné une chambre privée. La pièce était très déprimante; le plafond s'effritait, les murs étaient lézardés et dépeinturés. Après avoir fait une crise, j'ai pu obtenir un téléphone privé. Ma mère est venue me rendre visite et mon ami s'est pointé après une semaine seulement. Je ne le blâme pas. J'ai eu beaucoup de temps pour penser à ma vie. Si quelqu'un m'avait pris la main à ce moment-là, je l'aurais suivi. J'étais complètement épuisée et désorganisée. Une réhabilitation vécue après cette tentative de suicide m'aurait épargné plusieurs souffrances. Le médecin qui venait me voir ne me disait pas un mot. Il aurait pu me parler de l'alcool et des façons de se sortir de ce problème. De mon côté, j'étais incapable de verbaliser ce que je vivais intérieurement. Lorsque j'ai quitté l'hôpital — triste ironie du sort —, on m'a donné deux prescriptions: la première de Valium; la seconde d'un autre somnifère. En sortant de là, j'ai eu l'intelligence de jeter ces deux bouts de papier dans le premier panier à déchets vu sur mon passage. Je les trouvais complètement fous.

Heureuse de vivre mon premier soir de liberté, j'ai téléphoné à des amis parce que j'avais une folle envie de sortir. Pour la première fois de ma vie, j'ai commandé un double. C'était ma façon de crier combien la douleur qui m'envahissait était grande. Je me demandais sincèrement pourquoi je n'étais pas faite comme les autres et pourquoi je devais supporter tant de souffrance. Je ne savais pas encore que j'étais aux prises avec un problème d'alcool; c'était bien la dernière chose à laquelle j'aurais pensé. Je buvais pour essayer d'oublier mes peines sans savoir m'arrêter. Mon ami et moi avons recommencé à nous voir. Nous sortions, nous buvions, ma vie se résumait à cela. À 24 ans, après cette tentative de suicide, j'avais l'impression d'avoir trop vécu. J'étais fatiguée et essoufflée. Lorsque j'avais posé ce geste, je n'avais qu'une seule idée en tête: me reposer, enfin! J'étais déçue des êtres humains en général. Je n'avais pas encore eu la chance de rencontrer des gens qui m'épataient; ou peut-être était-ce moi qui ne leur donnais pas la chance de m'impressionner. Je n'avais pas d'enfant, donc je n'avais aucun regret de mourir. Lorsque j'ai eu mon fils, je n'ai plus jamais songé à m'enlever la vie, même dans les moments les plus dramatiques. Avec le recul, je considère le suicide comme un geste de lâcheté. Il faut peut-être du courage pour appuyer sur la gâchette ou pour sauter d'un pont, mais il est quand même facile de tout abandonner ses problèmes en choisissant la mort. C'est une façon simple de s'en sortir et je crois aujourd'hui qu'il faut une plus grande dose de bravoure pour accepter de survivre. La plupart des alcooliques veulent en finir à un moment donné parce qu'ils se dégoûtent. À 24 ans, je n'avais pas encore touché les bas-fonds mais j'étais une alcoolique en puissance. Les alcooliques souffrent énormément dans leur enfer intérieur. Ce mal de vivre est plus douloureux qu'un mal physique. Être mal dans sa peau jour après jour est une torture épouvantable. Si la fraternité qui unit tous les alcooliques en réhabilitation est si puissante, c'est qu'ils n'ont pas besoin de se parler pour savoir ce que l'autre a vécu. Le profil psychologique de ces hommes et de ces femmes est foncièrement le même. Chacun sait quel courage et quelle force il a fallus à chacun pour accepter d'entamer le chemin vers la réhabilitation. Selon moi, c'est ce passé commun qui explique le respect, la tendresse et l'affection qu'ils éprouvent mutuellement.

Lorsque j'ai commencé à rencontrer d'autres alcooliques, j'avais des sentiments de panique. Je trouvais acceptable que la femme en moi vive cette situation, mais pas la chanteuse. J'avais peur de ce que les autres diraient parce que mon problème était très personnel, très délicat et très intime.

Ma période d'alcoolisme actif m'a fait faire des choses que je ne puis oublier. J'aimais que l'on dise de moi que je n'avais peur de rien. Même si l'on me faisait une mauvaise réputation, j'étais quand même satisfaite parce que l'on parlait de moi. Je blessais des gens, je faisais peur au monde. Cela me plaisait parce que j'étais convaincue que si je n'agissais pas de la sorte, je risquais de redevenir une fille qui n'a rien à dire. Le plus drôle, c'est qu'au plus profond de moi-même je n'ai jamais aimé être sur la sellette. Moi qui n'aimais pas la chicane de nature, j'engueulais tous ceux qui avaient le malheur de me contredire. Un certain soir, je suis allée entendre chanter un jeune artiste avec une ou deux personnes. À la fin du spectacle, je l'ai apostrophé en lui disant qu'il chantait mal et qu'il n'avait aucun talent. Qui étais-je pour le juger aussi durement? J'étais fière de moi et surtout très heureuse que les autres me trouvent brave de lui avoir dit ma façon de penser. Après la soirée, je suis allée le reconduire chez lui dans ma voiture. Je roulais tellement vite que nous avons failli nous tuer. Lorsqu'il a débarqué, il était blanc comme un drap. Un peu plus tard, il est devenu un bon copain. Un jour il m'a avoué que ce soir-là il m'avait tout simplement trouvée folle. Il avait raison.

Après un seul verre, je me transformais en une autre personne sur qui je n'avais aucun contrôle. Je ne voulais surtout pas briser cette image devant les autres. Avec un peu d'alcool, je me sentais sinon supérieure, du moins à la même hauteur que tout le monde. Si une personne m'impressionnait en temps normal, je n'éprouvais aucune gêne à lui adresser la parole après un verre ou deux. L'alcool me donnait cette facilité de communiquer avec n'importe qui. Le lendemain, lorsque j'étais redevenue sobre, je ressentais de la honte en me demandant ce que ces personnes avaient pensé en me voyant les aborder sans gêne aucune. J'étais tellement complexée et refoulée que je n'avais aucune confiance en moi lorsque j'étais à jeun, pas même pour aller dire aux artistes que j'admirais que j'appréciais beaucoup leur travail. L'alcool me permettait de leur exprimer ce que j'étais incapable de leur dire en temps normal. Le pire, c'est que j'étais convaincue de n'avoir aucun vocabulaire. Je me diminuais de plus en plus, à tous les niveaux. Lorsque je montais sur scène, si par malheur je reconnaissais quelqu'un du milieu artistique dans la salle, j'avais inévitablement des blancs de mémoire.

Un jour, dans un restaurant qui était très fréquenté par les artistes, j'ai aperçu un journaliste qui avait écrit un texte à mon sujet que je n'avais pas aimé. Je me suis levée et je suis allée l'engueuler devant tout le monde. Mal à l'aise, il est parti. J'avais parfaitement raison de lui dire que je n'avais pas apprécié son papier, mais je n'avais pas pris des gants blancs pour lui exprimer ma colère. Je devais être laide à voir. J'ai commencé à détester tous les journalistes. Dans les discussions que j'avais dans les bars, je me targuais d'avoir toujours raison. Je me mêlais même de parler de politique, moi qui n'y connaissais rien. J'étais influencée par tellement de gens à cette époque, que tout ce que je disais ne découlait pas de mes propres convictions. Si je disais que j'étais favorable à tel parti politique, c'était parce que l'homme qui partageait ma vie à cette époque m'avait fait un discours sur le sujet la veille. J'ai discuté d'élections et de politique jusqu'à ce que je m'aperçoive qu'en fait je n'étais pas du tout intéressée par le sujet.

Après toutes ces aventures, je suis devenue enceinte. J'avais 26 ans et j'étais indécise à savoir si je voulais vraiment donner un enfant à l'homme que j'aimais. Un soir, nous avons pris le temps d'en parler très longuement et nous avons convenu que nous voulions cet enfant tous les deux. Pendant ma grossesse, je n'ai pas pris une goutte d'alcool et je n'ai touché à aucune drogue. J'estime aujourd'hui que ce fut la plus belle période de toute ma vie. Je vivais enfin une existence normale, comme la plupart des femmes. Cette abstinence volontaire m'a aidée à faire le point sur ma vie, et plusieurs choses se sont replacées avec le temps. Lorsque Dominique est né, toute ma vie a été transformée. J'avais la certitude que je n'aurais plus jamais de liberté. Je crois que la plupart des femmes doivent passer par là lorsqu'elles ont leur premier enfant. Mais, en peu de temps, j'ai pris plaisir à jouer mon rôle de mère. Mon ami et moi avons connu beaucoup de joie à nous occuper de notre fils, mais nous ne nous sommes jamais empêchés de vivre pour autant. Nous l'amenions partout où nous allions, même dans les endroits les plus bruyants. Lorsqu'il a eu un an et demi, nous sommes allés à Paris pour passer la période des Fêtes. Mais plus rien n'allait entre nous. À cette époque, j'avais fait une importante émission de télévision à Radio-Canada qui m'avait demandé trois semaines de travail. J'avais également fait la Place des Arts pour la toute première fois, et nous avions acheté une maison à Chambly. Tout ce stress accumulé n'a pas aidé notre relation. De retour au Québec, je lui ai annoncé que je le quittais. Même si nous habitions encore sous le même toit, nous faisions chacun notre vie. J'avais parfois des regrets, mais ma décision était plus forte que ceux-ci. Je suis allée rejoindre mes parents à Miami pour changer de décor. J'ai passé deux semaines avec eux, et la semaine suivante ma meilleure amie est venue me retrouver. Dans l'avion qui me conduisait vers la Floride, j'ai pleuré pendant tout le trajet. J'avais bu pendant toute la journée qui avait précédé mon départ. Lorsque je suis arrivée à Miami, j'étais complètement défaite. Mes parents ont été peinés quand je leur ai appris ma rupture avec le père de mon enfant et ils ont tenté de me rassurer en disant que tout finirait par s'arranger. Je leur ai dit que je ne voulais pas reprendre avec mon ami mais que cette séparation m'avait demandé beaucoup d'énergie. Cette semaine-là, j'ai commencé à boire régulièrement. Tous les soirs, c'était la fête. De retour au Québec, mon ami et moi avons décidé d'un commun accord de reprendre la vie commune afin de donner une dernière chance à notre relation. J'imagine que nous avions tous deux besoin de la sécurité familiale. Je paniquais un peu face à l'imprévu; j'avais l'impression de me lancer les yeux fermés dans le trafic. À partir de là, ma carrière a connu un nouvel élan. J'ai enregistré la chanson «Cow-girl dorée» qui a immédiatement connu le succès. Un matin, j'ai reçu un appel téléphonique m'annonçant que je venais de remporter le Prix Orange décerné par TV Hebdo à l'artiste jugé le plus sympathique avec les journalistes. J'ai trouvé cela amusant, mais il était vrai que j'étais devenue plus collaboratrice avec les membres de la presse parlée et écrite.

Dans ma vie affective, je savais que mon ami et moi avancions inéluctablement vers l'échec final de notre relation. Je ne l'aimais plus, lui non plus, j'en suis certaine aujourd'hui. Nous nous accrochions à notre habitude de vie de peur de nous retrouver seuls face à l'ampleur de nos responsabilités d'adultes. Pendant cette même période, je me préparais à partir en tournée avec Michèle Richard. J'étais sûre que le fait de nous éloigner l'un de l'autre nous ferait du bien et nous permettrait peut-être de faire renaître l'étincelle entre nous. À la toute dernière minute, le bassiste qui devait nous accompagner, Michèle et moi, ne voulait plus partir. C'est mon ami qui a été demandé pour le remplacer. Lorsqu'il m'a appris la nouvelle, il a senti que cela ne me faisait pas plaisir. Je savais que nous avions besoin d'un recul tous les deux et que le fait de travailler ensemble pourrait envenimer notre situation. Après dix jours de tournée, c'était la fin. Nous n'avons plus jamais redormi dans la même chambre par la suite. Nous sommes devenus deux personnes gentilles l'une envers l'autre, sans plus.

Quelque temps après avoir décidé de nous quitter pour de bon, je suis allée chercher mes meubles et mes objets personnels à la maison. Ce fut très difficile car c'était là une preuve concrète de notre séparation. Lorsqu'il est rentré à la maison et qu'il a vu qu'il ne restait plus que ses choses, il a eu du mal à accepter la réalité; je l'ai su plus tard. Nous n'étions plus capables de nous parler comme avant. Le fait de ne plus vivre ensemble nous a éloignés l'un de l'autre peu à peu. Comme je me sentais tout à fait libre, j'ai commencé à sortir. Une gardienne prenait soin de mon fils dès que j'avais besoin d'elle. J'avais envie de m'évader car la solitude me pesait énormément. Comme je fréquentais les mêmes endroits que celui que je venais de quitter, il m'arrivait de le voir de temps à autre. Lorsque je le voyais avec une autre fille, je ressentais un petit malaise même si je ne l'aimais plus. Mes souvenirs les plus récents se rapportaient toujours à lui et j'ai eu de la difficulté à essayer de me sortir de tout cela. C'est à cette époque que ma carrière a commencé à connaître une baisse. J'ai fait des tournées de hockey et d'autres contrats moins importants. Je buvais régulièrement, à temps plein. La fête a duré pendant cinq ans: de 1976 à 1981. Toutes les occasions étaient bonnes pour prendre un verre. Peu à peu, mon échelle de valeur a changé et certaines choses ont commencé à ne plus compter pour moi: ma carrière, les hommes, etc. Je tombais en amour avec l'amour et non pas avec un homme en particulier. Je n'étais pas du tout inquiète pour mon fils car la gardienne était toujours disponible. Les bars occupaient la principale place dans ma vie puisque je me tenais avec un homme qui y passait toutes ses journées. Il m'emmenait parfois à Oka, où il avait tous ses amis, mais j'aurais préféré rester à la maison avec mon enfant. Cette relation m'a fait détester encore davantage les hommes et je ne voulais plus rien savoir d'eux.

À cette époque, je faisais quelques spectacles ici et là. Un certain samedi soir, alors que je travaillais loin de Montréal, j'ai téléphoné chez moi pour demander des nouvelles de mon fils à la gardienne, mais il n'y avait pas de réponse. Inquiète, j'ai téléphoné chez la mère de celle-ci et on ne répondait pas non plus. En dernier recours, j'ai composé le numéro du père de mon enfant, sans succès. Le lendemain, j'ai tenté à plusieurs reprises de rejoindre l'une ou l'autre de ces personnes, mais en vain. Le lundi matin, je suis arrêtée chez mes parents, à Drummondville, et de là j'ai réussi à rejoindre mon ex-compagnon. Je me suis empressée de lui demander où était Dominique et il m'a répondu: «Dominique est ici depuis samedi et si tu veux le revoir, tu devras signer un papier confirmant que tu m'accordes sa garde.» Il était énervé de voir que je n'étais jamais à la maison et que notre fils passait la plus grande partie de son temps avec la gardienne. Quant à Dominique, il se réveillait parfois en plein milieu de la nuit en réclamant son père. J'ai compris ce qui l'avait conduit à prendre cette décision, mais j'en ai beaucoup souffert. J'ai versé toutes les larmes de mon corps devant mes parents découragés. Pendant trois semaines, je n'ai pu revoir mon fils. Il refusait même de me le confier pour une seule journée. Il a été très dur avec moi, mais je ne le condamne pas. Lorsque je lui disais que j'avais réclamé les services d'un avocat, il me répondait que c'était inutile parce que j'allais perdre ma cause de toute façon. J'avais très peur, je doutais de moi, puis je lâchai prise. J'ai finalement accepté de signer les papiers, seule dans le bureau de son avocate, un vendredi après-midi. Cette résignation m'a coûté tout ce qui me restait de forces intérieures. Je n'ai pas mangé pendant les trois semaines qui ont précédé cette signature, mais j'ai bu tous les soirs. J'avais une excellente raison... Je vivais une pénible dépression mais je devais poursuivre mes activités sans que cela paraisse. C'était en même temps que je faisais la Place des Arts avec René Simard. Pour faire déborder le vase, le père de mon enfant faisait partie du spectacle lui aussi. Après avoir abandonné la garde de mon fils, j'ai pu le voir autant que je le désirais. Un mois et demi plus tard, une gardienne m'a téléphoné pour me dire: «Ne cherche pas ton fils, il est ici avec moi. Son père n'en pouvait plus de s'occuper de lui tout seul.» J'ai immédiatement compris qu'il avait été trop gêné de venir le conduire chez moi après tout ce qu'il m'avait fait subir comme souffrances. Je suis allée chercher Dominique chez la dame et nous avons vécu ensemble pendant presque un an, jusqu'à ce que son père décide qu'il voulait le reprendre afin qu'il puisse fréquenter la pré-maternelle de Chambly. Déçue, j'acceptais mal de ne plus voir mon fils tous les jours. Je suis persuadée que 75 p. cent de mes problèmes d'alcoolisme ont été causés par cette situation. Pour oublier, je buvais de plus en plus en me disant que je n'avais qu'une seule chose au monde, mon fils, et qu'on me l'enlevait injustement. Ce n'est que cinq ans plus tard que je me suis faite à l'idée d'être séparée de Dominique. Aujourd'hui, j'accepte très bien cette entente.

Lorsque Dominique venait passer une ou quelques journées chez moi, je ne touchais pas du tout à l'alcool. Mais le reste du temps, je me cherchais vraiment une raison de vivre sans lui. Sans argent, sans amour et sans grand succès, je me perdais dans une descente sans fin. Pendant plusieurs mois, le père de mon enfant m'a dit que je ferais une bonne affaire si je m'achetais une maison à Chambly afin de pouvoir être avec Dominique plus souvent. Mes moyens ne me le permettaient pas.

Le mois de juin suivant, il m'a invitée chez lui pour mon anniversaire. Nous avons pris une marche dans les rues du village et j'ai réalisé que si je savais m'organiser, je réussirais probablement à payer l'hypothèque de ma maison tous les mois. La maison choisie ne coûtait pas tellement cher, ce qui m'arrangeait bien en cette période où ma carrière se portait plutôt mal que bien. Cette maison était immense et je ne m'y suis jamais sentie à l'aise. Le soir, lorsque je me retrouvais seule, mes peurs et mes angoisses remontaient à la surface. Comme je couchais en haut, je ne me sentais pas du tout en sécurité. Tous les soirs, je buvais pour noyer ma peur. J'habitais trop loin pour que mes amis viennent me visiter, et dans le village je ne connaissais personne. Quand mon fils venait dormir chez moi, je respirais mieux et mes craintes s'envolaient. Pendant six mois, j'ai vécu dans cette ambiance des plus stressantes. À cette époque, comme je travaillais régulièrement avec Patrick Norman, j'allais souvent l'entendre chanter dans un bar-restaurant de la rive-sud. J'y dépensais une fortune plusieurs soirs par semaine, mais je m'y sentais moins seule que chez moi. Mon gérant de l'époque, considérant que je ne lui rapportais pas suffisamment d'argent, m'envoyait souvent chanter à l'autre bout de la province. Ces voyages me fatiguaient beaucoup et j'étais épuisée de toujours vivre en bohémienne, une semaine dans telle ville et la suivante dans telle autre. Je ne me sentais plus chez moi nulle part. Sur le plan financier, ma situation allait en se détériorant. Lorsque je rencontrais mes *amis* au bar-restaurant, je me retrouvais en terrain familier. Pour la première fois de ma vie, je buvais publiquement. Au fil des soirées enivrantes, je commençais à m'apercevoir que j'aimais prendre de l'alcool. Certains osaient me le faire remarquer et je me contentais de leur répondre que je ne nuisais à personne en faisant cela.

En 1979, je suis glissée en plein coeur de l'enfer. Dans ma maison, je vivais des crises d'angoisse épouvantables. C'est à cette époque que j'ai commencé à dépasser mes limites. Je fréquentais alors un gars qui travaillait dans un piano-bar et je crois que ma dégringolade a commencé avec lui. Je le connaissais depuis ma tendre enfance, mais je ne l'ai retrouvé que plusieurs années plus tard. J'avais besoin de m'accrocher à quelqu'un; le destin l'avait choisi. Il buvait énormément. Je n'en croyais pas mes yeux lorsque je le voyais mélanger bière, vin et digestif. Pour me faire valoir, j'essayais de boire autant que lui et c'est ainsi que j'ai franchi la zone limite. Je n'ai jamais été capable de boire autant que lui, mais je progressais drôlement vite vers la pire des dépendances. Cet ami avait une Cadillac Séville et comme je voulais l'égaler dans tous les domaines, je me suis dit que si un petit chanteur de piano-bar avait les moyens de se payer une telle voiture, je le pouvais certainement moi aussi. À cette époque je conduisais une Honda Accord qui ne me coûtait qu'une centaine de dollars par mois et qui ne me causait aucun problème. Je suis allée voir un copain à Sorel et j'ai aperçu une magnifique Cadillac Séville blanche dans la cour de son garage. C'était ma chance d'en mettre plein la vue à mon ami. J'ai échangé ma Honda contre cette voiture, et j'ai hérité de paiements mensuels d'environ quatre cents dollars. Fière de me retrouver enfin au volant d'une telle voiture de luxe, je me suis immédiatement rendue à Tracy où mon ami habitait. Nullement impressionné, il m'a tout simplement dit: «Tout ce que j'espère, c'est que tu n'as pas fait cela uniquement parce que j'en avais une.» Mon orgueil a pris un dur coup ce jour-là. Peu de temps après, le moteur de l'auto a brûlé et malgré plusieurs réparations j'ai toujours eu des difficultés par la suite. Je l'ai gardée jusqu'au jour où j'ai pris le champ avec elle, à Chambly.

Le défaut de la plupart des alcooliques, c'est de vouloir paraître au lieu d'être. En dix ans, un million et demi de dollars m'ont filé entre les mains. Combien de fois ai-je acheté des objets, comme cette grosse voiture inutile, dans le seul but d'impressionner les autres. Toutes ces folies m'ont au moins permis une chose: aujourd'hui je n'ai plus besoin d'argent pour être comblée parce que je me sens riche intérieurement.

Peu de gens autour de moi ont été conscients de ce que je vivais. Les autres ne se sont jamais préoccupés de ma condition intérieure parce qu'ils étaient d'abord et avant tout très heureux d'être en compagnie de Renée Martel la chanteuse qui leur payait toujours un bon coup. Dès que j'essayais de leur dire que je souffrais, ils me disaient: «Elle quand elle a bu, elle est toujours fatigante.» Pourtant je n'étais pas toujours en état d'ébriété lorsque je tentais de leur faire des confidences. À d'autres moments, je vivais souvent des heures pathétiques parce que j'avais trop bu. Avec le recul je suis persuadée aujourd'hui que certains ont dû me prendre en pitié en me voyant. Par contre, plusieurs ont profité de ma faiblesse et de ma vulnérabilité pour me condamner et me détruire en inventant les histoires les plus invraisemblables à mon sujet, dans le seul but, j'imagine, de se rendre intéressants. La preuve qu'ils mentaient, c'est que même des amis très intimes m'ont avoué récemment qu'ils ne comprennaient pas que je sois alcoolique parce qu'ils ne m'avaient encore jamais vue en état d'ivresse depuis qu'ils me connaissaient. Je me suis très rarement déplacée lorsque j'étais dans un lieu public, parce que je n'ai jamais été du genre exhibitionniste, même après un verre ou deux. J'ai souvent parlé à voix haute, mais je ne me suis jamais couchée sous les tables. J'ai appris avec le temps que plusieurs parmi ces dénigreurs devaient aujourd'hui faire face au problème de l'alcoolisme parce qu'eux-mêmes ou un membre de leur famille le sont devenus. Probablement parce qu'ils n'avaient pas une vie suffisamment intéressante, ils se faisaient une gloire de raconter mes présumés exploits dans les salons et les restaurants. Je n'ai jamais aimé que des gens à qui je n'avais pas ouvert ma porte tentent de s'infiltrer dans ma vie. Je n'ai jamais eu beaucoup d'amis et je sais qu'il en sera toujours ainsi. Si j'avais continué de boire plutôt que d'opter pour la thérapie, je ne sais pas ce qui serait advenu de moi, mais je puis affirmer que pendant ma période d'alcoolisme actif je n'ai jamais multiplié les gaffes en public.

Pendant toutes ces années, mon cerveau fonctionnait nuit et jour. J'avais des prises de conscience douloureuses en m'avouant intimement que ce n'était pas ce que j'avais souhaité faire de ma vie à 18 ans et que tout ce que j'avais récolté jusqu'à maintenant ne correspondait aucunement à mes aspirations les plus profondes. Je ne voulais pas être cette femme que je voyais dans le miroir tous les matins. Après avoir fait mes deux thérapies, j'ai compris que même si j'avais épousé l'homme le plus extraordinaire qui soit et même si nous avions eu les plus beaux enfants, je serais probablement devenue alcoolique malgré tout. Aujourd'hui je me considère chanceuse de n'avoir jamais eu à vivre un divorce car je n'aurais probablement pas été assez forte pour l'accepter.

Après avoir quitté ma maison de Chambly où

j'étais incapable de dormir, j'ai loué une ferme. Je n'ai pu y habiter que trois mois, car la solitude dans cet immense champ me poussait à boire, dès sept heures le soir, pour pouvoir m'endormir vers minuit. Si je ne buvais pas, la peur me tenait réveillée toute la nuit.

Ce besoin d'être seule s'est transformée en cauchemar. Peu de temps après, j'ai décidé de louer un appartement plus près de la ville. J'étais vraiment seule, sans amis sans amant. On m'a offert alors de faire une tournée de mode à travers la province et j'ai accepté. C'est pendant cette série de spectacles que j'ai rencontré un médecin qui m'a prescrit des pilules dans le but de me permettre de travailler sans trop m'épuiser. Je savais que j'avais une année très chargée devant moi, mais je me sentais démunie de toute énergie. Lorsqu'il m'a examinée, le docteur a constaté que ma pression était très basse. Après avoir rédigé la prescription, il m'a dit que si je prenais une de ces pilules tous les matins, je serais capable de tenir le coup tout le reste de la journée. Ce que j'ignorais à l'époque, c'est que l'énergie que je dépensais après avoir pris ce médicament était illusoire. C'était une bombe à retardement. La tournée a bien fonctionné et je n'ai pas pris plus d'alcool qu'à l'habitude. Le matin je prenais une pilule, et le soir, avant de m'endormir, je prenais un verre ou deux et un somnifère. Après avoir terminé ces spectacles, je suis partie en tournée avec mes parents en Ontario. Comme cela me fatiguait beaucoup, j'ai décidé de prendre deux pilules plutôt qu'une. Je devais chanter avec mon père dix soirs d'affilée et tout s'est relativement bien passé car je ne voulais pas faire de gaffe devant mes parents. Quelque temps après, je partais en tournée avec la Grande Rétro, une série de shows qui m'a demandé toutes les forces qui me restaient. Après le spectacle, je n'avais jamais envie de sortir, donc je rentrais dans ma chambre et je passais le reste de la soirée en solitaire. Les autres artistes de la tournée ne m'ont jamais vue à l'une ou l'autre de leur parties. J'avais toujours vécu une immense solitude, mais pendant ma dernière année d'alcoolisme actif, je suis devenue très sauvage et je m'isolais volontairement.

Après avoir terminé ces engagements professionnels, j'ai pris une semaine de vacances avec mon fils, un de ses jeunes amis et la gardienne. J'étais heureuse à l'idée de passer sept jours complets avec Dominique tout en pouvant me reposer. Malheureusement, ce qui devait être une merveilleuse semaine s'est avéré un cauchemar; j'ai bu tous les jours parce que je me disais «en vacances» et que tout m'était permis. Vers cinq heures du soir, je commençais à prendre un premier verre et je trouvais cela très bon. Je ne crois pas que mon fils m'ait vu en état d'ivresse pendant cette semaine-là parce que je faisais très attention pour éviter cette situation, mais je sais qu'il aurait pu jouir de plus belles vacances en ma compagnie. Je savais que la gardienne était là et je me fiais entièrement à sa disponibilité. Un soir, me sentant coupable d'agir ainsi, j'ai décidé d'aller souper en tête-à-tête avec mon fils dans un très bon restaurant de Val-David. Il avait 7 ans à l'époque. Comme je n'avais nullement le tour de faire plaisir aux enfants, je m'imaginais qu'il fallait dépenser une fortune pour les rendre heureux. Aujourd'hui je sais que Dominique aurait sûrement préféré que je l'emmène manger un hamburger plutôt que de l'inviter à choisir un plat sur un menu auquel il ne connaissait rien. Après lui avoir énuméré tous les mets offerts, il m'a demandé simplement: «Il n'y a pas de poulet ici?» La seule chose qui ressemblait à du poulet, c'était des cailles que j'ai commandées pour lui. Évidemment il en a pris une bouchée et il a mis son assiette de côté. Pendant le repas, je n'ai presque pas mangé, préférant prendre quelques verres. J'ai quasiment dépensé plus cher pour les consommations que pour la nourriture. En arrivant à la maison, Dominique avait hâte de manger des céréales. Déçue, je m'en voulais de ne pas être capable de lui faire plaisir. Je ne me rendais pas compte ce jour-là qu'un enfant de 7 ans a tout simplement besoin d'amour et de présence. Les mets les plus raffinés, macérés ou flambés, ne pourraient jamais remplacer l'affection d'une mère attentive.

Après ces vacances ratées, je suis partie en tournée avec trois musiciens. Je buvais de plus en plus, ce qui créait souvent des situations embarrassantes entre eux et moi. Dès que j'avais un moment libre et que je n'étais pas trop éloignée de Montréal, je m'empressais d'aller retrouver mes amis à Oka. J'étais de plus en plus difficile à vivre. Au mois de septembre, j'ai demandé à mon médecin de Drummondville de me faire entrer à l'hôpital pour un examen général. Je ne me sentais pas bien du tout et j'avais vraiment besoin de dormir. Grâce à lui, j'ai pu faire une cure de sommeil surveillée. Mais quelques jours avant mon admission à l'hôpital, je suis restée chez mes parents. Comme je ne pouvais m'abstenir de boire, j'ai pris quelques verres en leur compagnie, puis je suis descendue me coucher dans ma chambre. En route, je suis rentrée dans la chambre froide où ma mère garde ses provisions et j'ai trouvé un 60 onces de vodka. Je me suis dit que cela me ferait du bien de prendre un verre ou deux en regardant la télévision. Le reste, c'est ma mère qui me l'a raconté. Pendant la soirée, elle avait ententu un gros bruit, ce qui l'avait poussée à venir voir ce qui se passait. J'étais tombée sur sa machine à coudre, incapable de me relever. Le lendemain, après avoir retrouvé tous mes sens, j'étais convaincue d'avoir des côtes enfoncées. J'allais en parler avec mon médecin. Mes parents étaient vraiment bouleversés de me voir ainsi.

Le même jour, je suis entrée à l'hôpital pour un séjour de deux semaines. Après quatre jours, je n'en pouvais plus d'être privée d'alcool. J'ai donc téléphoné à un ami qui venait me visiter de temps en temps pour lui demander de m'apporter une bouteille lorsqu'il reviendrait. Lorsque je l'ai eue, je l'ai vite cachée dans mon tiroir. Le soir, lorsque l'infirmière me donnait mes pilules, je les prenais en cachette avec un peu de vodka. C'était la vie de luxe et je ne voulais plus sortir de l'hôpital! Lorsque j'ai dû quitter, je me suis retrouvée toute seule chez moi et je ne voyais plus aucun côté positif à la vie. À cette époque, j'avais demandé à celui qui me trouvait des contrats de ne pas me donner de travail parce que je me sentais trop faible pour monter sur scène. Ignorant complètement ma détresse, il m'a envoyée travailler en Abitibi pendant cinq jours, dans un hôtel où je devais donner deux shows par soir. N'écoutant que mon courage, j'y suis allée avec mes trois musiciens. Rendue sur place, le propriétaire de l'hôtel m'a dit, après que je lui aie raconté toute mon histoire, qu'il aurait été possible de remettre mes spectacles une autre semaine. «Personne ne m'a téléphoné pour me dire que vous veniez de sortir de l'hôpital, m'a-t-il dit, et si je l'avais su cela ne m'aurait pas dérangé que vous veniez ici dans un mois seulement. Un autre artiste aurait facilement pu vous remplacer à pied levé.»

Ayant rassemblé le mieux possible toutes mes énergies, tout s'est passé sans problème au cours des trois premiers jours, mais pour arriver à tenir le coup j'en étais rendue à prendre trois pilules par jour, et parfois même quatre, sans compter les somnifères que j'avalais avant de me mettre au lit et les pilules que l'on m'avait données à l'hôpital. Avant de commencer mon spectacle, je prenais un verre en me maquillant, dans ma loge. En peu de temps, je me sentais légèrement ivre et je pensais alors que c'était parce que j'avais mis trop d'alcool dans mon mélange. Je n'étais pas assez vigilante à cette époque pour constater que ma capacité d'absorption était descendue à zéro. Le quatrième soir, j'ai pris pilule après pilule, alcool après alcool. Quelques heures plus tard, j'ai fait une crise de nerfs épouvantable et je suis devenue aussi agressive qu'un lion en cage, si bien que mes musiciens ont dû me conduire d'urgence à l'hôpital. Pour me venir en aide, l'infirmier n'a rien trouvé de mieux à faire que de m'administrer un somnifère. De retour à l'hôtel, j'ai dormi. Le lendemain matin, les musiciens sont venus dans ma chambre avec un bouquet de fleurs et je les ai trouvés adorables. Le soir même, après avoir bu un peu, j'ai fait une autre crise de nerfs, mais cette fois je me suis attaquée à mes musiciens, sans raison aucune. Pourtant, depuis toujours, j'ai eu beaucoup de respect à l'égard de tous les musiciens qui m'ont accompagnée et je me suis toujours bien entendue avec eux. Mais ce soir-là, l'histoire a tourné au vinaigre. Enragée, je suis allée dans la chambre de mon bassiste, parce qu'elle était la plus près de la mienne, et je lui ai lancé les fleurs en plein visage avec beaucoup de violence. Je l'ai engueulé, mais je n'avais absolument aucune raison de le faire car il était un gars très bien et extrêmement professionnel. Découragé, il est parti sans me dire où il allait, ce qui m'a choquée encore davantage car je me disais qu'il n'avait pas le droit de me fuir parce que j'avais toujours été correcte avec lui. À un moment donné de ma crise qui frôlait l'hystérie, je me suis retrouvée en plein milieu du boulevard en face de l'hôtel, pieds nus, en robe de nuit, et bien sûr, un verre à la main. Je cherchais mon bassiste pour l'engueuler encore plus fort. Incrédules, les autres musiciens n'ont plus voulu m'adresser la parole et je ne comprenais pas pourquoi tout le monde me fuyait. Un peu plus tard, je suis retournée dans ma chambre pour dormir, littéralement assommée par l'alcool et les pilules.

Le lendemain matin, lorsque je me suis réveillée, j'ai réalisé qu'aucun parmi mes trois musiciens ne voulait me parler. J'étais terriblement malheureuse car je n'avais encore jamais vécu une telle situation avec les musiciens que j'ai toujours considérés comme des amis. Pendant toute la journée, je suis restée enfermée dans ma chambre en ruminant tout ce que j'avais fait la veille. Je savais que j'étais la seule responsable de tout ce qui s'était produit, et j'essayais surtout de comprendre pourquoi j'avais perdu la tête, moi qui avais toujours été une fille calme et douce ayant horreur des disputes. Tout cela ne me ressemblait pas car je n'avais pas l'habitude de faire preuve de violence. J'aurais tellement voulu à cet instant aller m'asseoir avec mes musiciens — et en particulier avec mon bassiste — pour leur dire comment je me sentais en-dedans, dans l'espoir qu'ils me comprennent ou qu'ils m'aident à me comprendre. Mais je n'ai jamais osé le faire. Après avoir avalé quelques pilules, j'ai pris mon premier verre le soir venu. En peu de temps, je suis devenue l'autre Renée, celle qui bouillait d'agressivité. Évidemment, j'ai recommencé une scène semblable à celle de la veille. Pour la première et la dernière fois de ma carrière, je suis montée en état d'ivresse sur la scène. Je me rappelle que pendant mon spectacle, je me suis retrouvée accroupie pour chanter «Un coin du ciel». Je sais que tout ce que je disais à mes musiciens entre les chansons était effarant et humiliant. Eux ne disaient rien, tellement professionnels comme toujours. Après le spectacle, je suis allée chercher le cachet de mes cinq journées de travail à la réception de l'hôtel. Lorsque les musiciens sont venus me voir pour recevoir leur salaire, je leur ai lancé l'argent avec dégoût et haine. J'étais enragée plus que jamais, et je me suis mise à courir après mon bassiste car je voulais lui parler à tout prix. Évidemment, lui ne pouvait absolument pas supporter ma présence.

Le lendemain matin, nous devions retourner à Montréal. Mon guitariste est venu dans ma chambre faire mes valises car j'étais incapable de me lever. En route vers la métropole, notre camion a été arrêté pour une contravention. Pendant que le policier remplissait les formalités d'usage, je suis sortie pour prendre l'air. Dans le temps de le dire, je me suis enfoncée dans un marécage, couverte de boue. Il faisait froid. En essayant de me libérer, j'ai perdu mes souliers dans la vase ainsi que le jonc en or de 18 carats que le père de mon enfant m'avait offert en 1972. Je suis sortie de là sale jusqu'au cou. C'était la seule chose qui ne m'était encore jamais arrivée pendant mon alcoolisme actif: tomber dans la boue et m'en sortir complètement crottée. Avant de regagner le camion, je suis restée debout pendant un moment, transie par le froid et dégoûtée. Le policier a demandé aux musiciens: «La fille qui est là est-elle avec vous?» Moi qui étais l'employeur de ces trois hommes, j'en étais maintenant réduite à être désignée par l'expression «la fille qui est là». Je me disais intérieurement: «Pauvre Monsieur, si vous saviez qui je suis, vous ne le croiriez sûrement pas!» De nouveau à bord du camion, j'ai fouillé dans mes valises pour trouver d'autres bas et d'autres chaussures mais j'ai dû garder mes jeans sales. Pendant tout le trajet, les musiciens ne m'ont pas dit un seul mot. De l'Abitibi à la dernière sortie de l'autoroute du nord, ce fut une atmosphère très lourde. Quelques heures plus tard, je descendais à une certaine sortie de l'autoroute où mon ami d'Oka devait venir me prendre. Au moment de refermer la portière, j'ai tout simplement dit au bassiste: «Je m'excuse.» Je ne savais pas quoi dire d'autre tellement je me sentais démunie. Il ne m'a même pas regardée; je ne le blâme pas.

Le soir venu, dans un bar d'Oka, je me suis laissée couler dans l'ivresse car j'estimais avoir une très bonne raison pour boire. Malgré toute ma tristesse, je ne voulais pas raconter ma mésaventure à ceux et celles qui m'entouraient. J'espérais pouvoir régler le plus tôt possible ce conflit avec mes musiciens car je les aimais beaucoup. Cette semaine-là, j'ai rencontré un ami qui avait toujours su m'appuyer dans les pires moments. Il a essayé de me consoler par tous les moyens. Un certain dimanche, j'ai pris la direction d'Oka, après avoir mangé avec lui. Sur l'autoroute des Laurentides, je lui ai demandé de s'arrêter au premier poste de péage car je voulais téléphoner à mon père. J'étais ivre. Mon ami savait quelle était ma relation avec mon père et que je n'étais pas du genre à me confier à lui dans mes temps d'amertume. Discret, il a stationné la voiture en bordure de l'autoroute, sans essayer de me convaincre de laisser tomber. Il était onze heures quinze du soir. Ayant rejoint mon père, je lui ai dit en pleurant: «Aide-moi car je ne suis plus capable et je ne sais plus quoi faire.» Il m'a tout simplement répondu: «Où t'en vas-tu?» Je lui ai expliqué que je m'en allais à Oka. Le lendemain matin, à neuf heures, il m'a téléphoné en me disant: «Si tu veux aller dans une maison de désintoxication et suivre une cure, tu n'as qu'à téléphoner à D. Il attend ton téléphone et il saura te venir en aide. J'aurais bien aimé t'aider, mais comme je vis loin de toi c'est assez difficile. Si tu refuses d'y aller, personne ne t'en voudra.»

Je devais être prête à l'entendre me parler ainsi car s'il m'avait dit cela six mois auparavant, je lui aurais certainement ordonné de me laisser tranquille. Immédiatement après avoir raccroché, j'ai téléphoné à l'ami que mon père m'avait conseillé d'appeler. Celui-ci m'a dit: «Tu ne peux pas t'imaginer combien tu me rends heureux!» À partir de ce moment-là, je me suis laissée guider comme une enfant. Il a trouvé une maison de thérapie et il m'a rappelé pour m'annoncer que nous irions la visiter ensemble la semaine suivante et que j'allais pouvoir y faire mon entrée dans trois semaines. J'étais heureuse d'entendre cette bonne nouvelle, mais cela ne m'a pas empêchée de penser que je devais profiter du temps qui me restait à boire, soit trois semaines. C'est effectivement ce que j'ai tenté de faire, mais je n'ai pas eu la résistance physique pour aller aussi loin que je l'avais imaginé. Pendant une semaine, j'ai pris beaucoup de pilules et d'alcool. Après trois ou quatre verres, j'essayais de rejoindre au téléphone les musiciens avec qui je m'étais brouillée car je n'acceptais pas encore de les avoir perdus. Lorsque j'étais en parfaite sobriété, je n'avais jamais le courage de leur téléphoner. Évidemment, dès qu'ils entendaient ma voix à l'autre bout du fil, ils n'avaient pas du tout envie de discuter avec moi et ils raccrochaient.

Une semaine plus tard, nous allions rencontrer le directeur du pavillon où je devais suivre ma thérapie. Lorsque je l'ai vu, j'ai eu l'impression que c'était le premier alcoolique que je voyais de toute ma vie. Il m'a parlé et je l'ai écouté sans poser de question. Mais au fur et à mesure qu'il avançait dans son monologue, j'avais de plus en plus le sentiment que quelqu'un lui avait raconté ma vie avant que j'arrive. J'étais persuadée que l'ami qui m'accompagnait lui avait expliqué mon existence dans tous ses détails, car je ne savais pas encore ce jour-là que tous les alcooliques, hommes ou femmes, offraient un profil psychologique presque identique: mêmes gestes, mêmes pensées, mêmes réactions, mêmes craintes. Je lui ai demandé: «Est-ce que je pourrai boire normalement lorsque je sortirai d'ici?» Il m'a répondu: «Certainement, personne ne t'en empêchera, mais une chose est certaine, tu ne boiras plus jamais de la même façon.» Rassurée, je me suis dit intérieurement: «Enfin, je vais avoir du contrôle et je serai capable de boire comme tout le monde car ici ils m'apprendront comment y parvenir.»

Sachant que j'allais entrer en cure dans peu de temps, j'ai dit à l'ami qui m'avait accompagnée, voulant accomplir un geste héroïque: «Ce soir, je jetterai toutes mes pilules.» J'ai tenu parole et cela m'a aidée à passer à travers ma thérapie en étant déjà sevrée en ce qui concernait ces drogues. S'il avait fallu que l'on me prive d'alcool et de médicament en même temps, je ne crois pas que j'aurais eu la force de passer au travers. Après cinq jours sans avoir pris ces pilules, je me suis mise à trembler et j'étais fatiguée au point de ne plus être capable de me lever. J'avais la garde de mon fils ce week-end-là et son père était venu le conduire chez moi vers neuf heures du matin en me disant qu'à deux heures, je devais accompagner Dominique à sa partie de hockey. Comme il m'avait réveillée, j'ai dit à mon fils, après le départ de son père, que j'allais me recoucher quelques instants parce que j'étais trop fatiguée. Honteuse, je ne me suis relevée qu'à deux heures et demie, trop tard pour emmener Dominique à sa partie. Le pauvre avait regardé la télévision pendant tout ce temps en attendant que je me lève. Je crois que c'est la seule fois où il a dû souffrir directement de mon alcoolisme, et j'ai pris six mois avant de me le pardonner. Désolée, je suis allée le retrouver dans le salon en lui disant: «Regarde comme c'est bête, il est deux heures trente et il est trop tard pour aller jouer au hockey car j'ai passé tout droit.» La déception qui a obscurci son visage était indescriptible. Furieux, il s'est levé pour aller s'enfermer dans sa chambre où je suis allée le rejoindre pour lui expliquer que je n'avais pas fait exprès pour lui faire de la peine. Il m'a répondu: «Tu dis toujours que tu veux me voir, mais quand j'arrive ici tu retournes toujours te coucher et je suis toujours seul dans le salon à regarder la télévision. Tu dis que tu t'ennuies, mais tu ne t'ennuies pas.» Découragée, je lui ai expliqué que j'étais très malade. «Tu te souviens que maman est allée à l'hôpital récemment? Eh bien! maman n'est pas guérie et elle devra bientôt y retourner. Mais je te promets que lorsque je vais en sortir, tu ne manqueras plus jamais ton hockey et je ne me recoucherai plus quand tu arriveras.» Il ne m'a pas crue, mais mes paroles avaient réussi à le calmer.

Le dimanche soir, son père est venu le rechercher. Seule dans la maison, j'ai décidé de profiter pleinement de la dernière semaine qui me restait avant d'entrer en thérapie. J'ai essayé de boire sans me limiter, mais physiquement je ne le pouvais plus. Le mardi, j'ai dû prendre le lit pour ne me relever que le vendredi suivant. La concierge venait me visiter deux ou trois fois par jour pour voir si j'étais toujours vivante. Je n'avais plus aucune énergie et le seul geste de répondre au téléphone m'épuisait. Vers sept heures du soir, je prenais un verre ou deux pour me remonter le moral, mais jamais plus sinon je tombais malade. Même pendant une telle descente aux enfers, je ne réalisais pas encore que j'étais alcoolique. J'avais l'impression d'être en plein coeur d'une dépression nerveuse, mais je ne faisais pas encore le lien avec l'alcool. J'attendais patiemment, croyant que ma thérapie en clinique réglerait automatiquement tous mes problèmes. À cette époque, il ne me restait plus que cinq cents dollars en banque et mon loyer en coûtait cinq cent vingt. Avec cet argent, j'avais le choix entre payer mon logement ou aller en thérapie, et j'ai décidé d'investir dans cette dernière. Je savais que même si je défrayais les coûts de mon appartement ce mois-là, je n'aurais pas plus d'argent pour le payer le mois suivant. Ce fut l'une des pires périodes de ma vie. Je me traînais dans la maison et je ne pesais plus que cent-cinq livres.

Le samedi soir, la veille de mon départ pour la clinique, j'ai bu ce qui me restait de vodka — deux ou trois verres — avant de me mettre au lit. Le lendemain, mon ami est venu me chercher et nous avons pris la route du nord. À mi-chemin, je lui ai demandé d'arrêter à la Porte du Nord parce que je ne voulais pas arriver à jeun au Pavillon. Sans dire un mot, il a acquiescé. Pendant cette halte, j'ai mangé et j'ai bu quatre verres. J'étais heureuse de ne pas me sentir seule et le grand air du nord me faisait un bien énorme. La présence de D. me rassurait.

Au Pavillon, le directeur m'a dit que j'avais l'air d'avoir vieilli de dix ans pendant ces deux dernières semaines. Une fois rendue dans ma chambre, j'ai commencé à vivre trois jours d'enfer. Je me demandais où j'étais et, surtout, qu'est-ce que je faisais dans cet endroit. Quand les autres pensionnaires parlaient dans les réunions en disant «Nous, les alcooliques», je ne comprenais pas du tout ce que je faisais dans ce genre de groupe. Sachant toutefois que je n'avais rien à perdre, j'étais attentive à leurs propos. La première nuit, je n'ai pas dormi. Pendant quatre jours, j'ai été au bord des convulsions d'une façon permanente. La peur, l'angoisse et le stress s'ajoutaient à ma douleur de vivre. Le directeur du Pavillon était d'une patience angélique à mon égard et il prenait toujours le temps nécessaire pour m'écouter. À travers tout cela, je n'acceptais pas le fait de devoir partager ma petite chambre avec une autre fille que je ne connaissais pas. Ce n'est que beaucoup plus tard que j'ai compris l'importance d'avoir une compagne à proximité. J'étais tellement fatiguée que je dormais même pendant les sessions de travail. Ce n'est qu'à partir du quatrième soir que j'ai abdiqué. Je me sentais soudainement protégée dans une cage de verre où plus rien ne pouvait m'atteindre. J'ai changé d'attitude pour devenir plus positive. Plus gaie, plus souriante, je jouais aux cartes avec les autres. Tout en n'acceptant pas encore le fait d'être alcoolique, je me reconnaissais souvent dans ce que les pensionnaires disaient. Mois aussi j'avais souvent agi comme eux. Le samedi matin, on m'a mise en charge de la cuisine parce que la cuisinière avait dû partir pour le week-end. Vers cinq heures, le dimanche soir, alors que j'avais la main à la pâte, je me suis sentie mal. Pendant la soirée, je suis restée seule dans ma chambre, et le lendemain je n'ai parlé à personne. L'angoisse recommençait à avoir de l'emprise sur moi. Le même soir, après une réunion qui s'était terminée vers dix heures, je suis montée à ma chambre et j'ai versé toutes les larmes de mon corps. Je me sentais morte intérieurement, engouffrée dans le néant, éclipsée de la vraie vie. Mon coeur débattait. Je pleurais en pensant que je n'avais rien su faire de bon de ma vie. J'essayais de comprendre pourquoi j'en étais rendue là. Des treize années que je venais de vivre, je ne me souvenais que d'une chose: une scène éclairée par des spots, et moi au milieu en train de chanter. Je souffrais de n'avoir jamais vécu une existence saine et normale. J'ai repassé en vitesse toutes ces années de gloire publique, et je me voyais aujourd'hui confinée entre les quatre murs d'une clinique de réhabilitation. J'ai éprouvé les sentiments les plus troublants ce soir-là. Le mardi après-midi, je me suis sentie un peu mieux et dès lors j'ai commencé à vivre un plus grand bien-être. Le vendredi, jour de mon départ du Pavillon, je volais. Rendue chez moi, je me suis admis qu'il serait ridicule de fréquenter à nouveau les bars où j'allais avant ma cure. Je ne voulais surtout pas revoir les mêmes gens, de peur d'être entraînée malgré moi dans un autre cercle vicieux.

Pendant un mois et demi, je n'ai pas pris une seule goutte d'alcool. Je planais sur un nuage rose. Comme je n'avais pas de réserve, ce qui devait arriver arriva. Pendant l'hiver, je suis partie pour Miami où nous devions enregistrer une émission «Balconville», d'autres artistes et moi. J'étais la seule qui n'était pas accompagnée; tous les autres étaient avec leur épouse, leur conjoint, leur ami. Dès que j'avais terminé mon travail, je retournais dans ma chambre mais je ne buvais pas. Le samedi soir, pendant l'enregistrement, le directeur des programmes de CJMS qui veillait à la bonne marche de l'émission m'a présenté un homme qui travaillait avec lui au poste. Je lui ai tendu la main, et pour la première fois de ma vie, j'ai connu ce qu'était le coup de foudre. Je n'avais jamais été aussi troublée en rencontrant un homme, et Dieu sait si j'en ai vus dans ma vie. Pendant toute la soirée, je le voyais non loin de moi. Après l'émission, toute l'équipe s'est retrouvée dans un restaurant et, fruit du hasard ou non, il s'est assis à côté de moi. Le lendemain, une grosse fête avait été organisée dans un hôtel. De la table où j'étais installée, je le voyais et je le trouvais tellement beau. Pourtant il portait la barbe et je n'avais jamais aimé cela chez les autres hommes. À un moment donné, pendant la soirée, je me suis retrouvée seule avec lui. Afin qu'il ne s'aperçoive pas qu'il me plaisait, j'ai pris un verre pour redevenir la fille froide et inaccessible que j'avais toujours été après avoir bu un peu d'alcool. Ma personnalité agressive remontait à la surface, m'empêchant ainsi de laisser transparaître ce que je ressentais pour lui. J'avais surtout peur qu'il découvre ma vulnérabilité. La rechute qui a suivi cette soirée a duré sept mois. Je n'ai pas recommencé à boire régulièrement immédiatement car j'essayais de faire attention. Mais, quelque temps plus tard, le bal repartait...

Un jour, je devais faire un nouveau spectacle, accompagnée par de nouveaux musiciens, au Portage de l'hôtel Bonaventure. Cette préparation m'avait demandé beaucoup de travail et pour me récompenser, le premier soir, j'ai pris un verre. Le lendemain j'en ai pris deux et c'est ainsi que je me suis retrouvée dans un état d'ébriété avancé quelques jours plus tard. Pendant cette rechute, je me suis rendue beaucoup plus loin que la première fois. J'ai commencé à être malade, j'avais des remords, j'étais agressive et j'agissais d'une façon incohérente. Pour la première fois, j'ai eu des black out. Je m'en voulais de ne pas être assez forte pour me relever. Mon alcoolisme continuait, je n'avais pas le droit de penser que c'était un nouveau problème pour moi du seul fait que j'avais suivi une thérapie quelques mois plus tôt. Si une voiture a roulé pendant 50 000 milles et qu'on la rentre au garage pour une période de dix ans après quoi on la ressortira pour lui faire faire un autre mille, celle-ci aura accumulé 50 001 milles et non pas rien qu'un seul. Cette image explique qu'un alcoolique qui ne boit pas pendant deux mois ou deux ans et qui recommence après devra repartir au même point qu'il avait laissé. Certains alcooliques en rechute touchent les bas-fonds en moins de vingt-quatre heures, mais dans mon cas ce fut beaucoup plus long, probablement parce que je tentais de résister par crainte de couler à pic. J'ai fini par comprendre ce que le directeur du Pavillon voulait m'expliquer lorsqu'il m'avait dit que je ne boirais jamais plus comme avant. Désormais, je ne pourrais jamais plus toucher à un verre d'alcool avec la même désinvolture et la même inconscience.

Vers les derniers moments de mon alcoolisme actif, j'ai vivement ressenti le besoin d'être liée à un lieu précis. À force de ne plus se sentir chez soi où que l'on aille, on en vient même à être mal dans sa propre peau. C'est à ce moment-là que je suis retournée vivre dans la même maison à appartements que j'avais habitée pendant trois ans et demi. C'était l'endroit où j'avais vécu le plus longtemps depuis que j'étais à Montréal, donc il me semblait plus familier et plus accueillant. Je suis revenue non pas parce que l'appartement était extraordinaire, mais plutôt parce que je m'y sentais en territoire déjà exploré. Le sentiment de non-appartenance est insupportable pour les alcooliques dont la base même de leur problème témoigne d'un manque de stabilité. Ma rechute continuait à prendre de l'ampleur et ce n'est qu'après avoir encore terriblement souffert que j'ai décidé de retourner en thérapie. «Il y a sûrement quelque chose que je n'ai pas compris la première fois, pensai-je intérieurement.»

Un samedi soir, complètement désespérée, j'ai téléphoné au directeur de la clinique en lui avouant humblement que j'étais incapable de me prendre en main toute seule. Quand je lui ai dit que je voulais mener une vie plus heureuse, il m'a répondu: «Quand désires-tu revenir?» Comme je devais travailler jusqu'au 22 mai, j'ai réservé ma place pour le lendemain, le 23 mai. «Je vais probablement rentrer tard au Pavillon, lui avais-je dit, car je travaille à Toronto la veille et j'aurai sûrement besoin de me reposer avant de prendre la route vers le nord.» Comme la première fois que j'avais su que j'allais m'impliquer dans une cure de désintoxication, je me suis mise à boire beaucoup «parce que c'était la dernière fois que je pouvais prendre de l'alcool». Pendant un mois, j'ai sombré dans des abîmes toujours plus profondes. Deux jours avant de rentrer au Pavillon, j'ai eu la fantaisie de m'acheter une nouvelle voiture. Ayant appris que j'allais bientôt faire une nouvelle thérapie, mon ami d'Oka m'a offert de venir bruncher avec moi quelques heures avant mon départ pour le Pavillon. Pendant le repas, j'ai commandé deux ou trois verres. Vers quatre heures, je suis rentrée chez moi pour faire mes valises. J'ai téléphoné au directeur de la clinique pour lui dire: «J'espère que tu ne m'en voudras pas si j'ai un peu bu, c'est ma dernière journée. Je vais essayer de ne pas arriver trop tard.» Gentiment, il m'a répondu: «Tu as le droit de faire ce que tu veux, fais seulement attention de ne pas en prendre trop.» Après avoir réglé quelques affaires à Montréal, j'ai emprunté l'autoroute des Laurentides vers le nord. En route, je me suis arrêtée à Ste-Adèle avec mon ami d'Oka qui avait décidé de m'accompagner. À sept heures du soir, nous étions dans un restaurant en train de discuter en prenant un verre, puis un autre. Vers neuf heures, j'ai téléphoné au Pavillon. Le directeur a certainement senti que je n'étais pas à jeun en entendant ma voix. Je l'ai rassuré en lui promettant que je serais là dans peu de temps. Après avoir mangé, mon ami et moi avons décidé de nous asseoir au bar. «Ce sont vraiment mes derniers verres que je prendrai ici, m'étais-je dit, je vais mettre les bouchées doubles.» J'ai dû téléphoner au Pavillon au moins trois fois pendant ces heures embrumées. Le directeur me disait: «Renée, viens t'en donc!» Je refusais de lui dire où j'étais, car j'avais peur qu'il vienne m'y chercher. À onze heures quarante-cinq, j'ai quitté Ste-Adèle dans un état d'ébriété remarquable. Pour la première fois, je conduisais ma nouvelle voiture dont j'avais pris possession deux jours plus tôt. En route vers le Pavillon, je me suis trompée de chemin. Complètement perdue, je suis rentrée dans la cuisine d'un restaurant et j'ai téléphoné pour dire au directeur du Pavillon que je ne savais plus où j'étais. Un des hommes qui était dans la cuisine m'a appris que j'étais à St-Faustin, un village situé beaucoup plus à l'est qu'Ivry-sur-le-lac. À l'autre bout du fil, le directeur m'a dit: «Je vais arrêter ma voiture sur la route 117 et dès que tu m'apercevras tu me suivras.» Je conduisais tellement mal ce soir-là qu'à un moment donné une camionnette qui avait trois hommes à son bord s'est mise à me suivre et à m'accoter. Affolée d'être talonnée ainsi sur une route sombre à une heure du matin, j'ai appuyé sur l'accélérateur. Ne sachant pas que ma voiture était dotée d'un volant à conduite assistée, j'ai fait un tête-à-queue époustouflant lorsque j'ai décidé d'aller plus vite. Les hommes dans la camionnette ont eu peur et sont partis à toute allure. Ce choc m'a dégrisée et j'ai pris la précaution de ralentir parce que je voyais double. Lorsque j'ai aperçu les clignotants allumés d'une voiture en bordure de la route, j'ai compris que j'étais enfin en sécurité.

En arrivant au Pavillon, j'ai pleuré pendant deux heures. Je ne me souviens plus de quoi je parlais; mes idées étaient confuses et ma tête envahie par la souffrance. Le lendemain, lorsque je me suis réveillée, j'étais absolument convaincue d'être alcoolique. Je n'avais pas envie de parler aux autres pensionnaires. Je venais d'abdiquer et d'accepter mon état en essayant de me persuader que ce n'était pas la fin du monde et qu'il était possible de vivre avec cette maladie. Maintenant que je n'avais plus le moindre doute quant à mon alcoolisme, je me sentais heureuse à l'idée d'être dans un lieu propice à ma réhabilitation. Ce jour-là, je savais pertinemment que plutôt que d'essayer de prouver que je n'étais pas alcoolique, j'aurais avantage à me résigner et à travailler à mon bonheur d'une manière constructive, pour la première fois en plus de trente ans. Le choix était à la fois simple et radical: être heureuse ou malheureuse. J'avais presque 35 ans et je n'avais encore jamais trouvé le bonheur. Après deux semaines de cure, j'ai demandé de rester une autre semaine, avant quoi je suis retournée passer deux jours chez moi parce que j'avais la garde de mon fils. Comme par le passé, je ne savais pas quoi faire pour rendre Dominique heureux. Nous sommes allés au ciné-parc, nous avons essayé de faire des choses amusantes ensemble, mais mon esprit n'y était pas. J'étais heureuse de savoir que je retournais en clinique. Je me sentais perdue, et dans ma tête fourmillaient une foule de questions auxquelles je ne pouvais pas apporter la moindre réponse. Je suis allée reconduire mon enfant chez son père à quatre heures le dimanche après-midi, puis j'ai filé à toute vitesse vers Ivry-sur-le-lac. À cinq heures, j'y étais pour le souper, réjouie d'être à nouveau dans cet environnement qui me faisait tellement de bien. Je savais que j'avais besoin de cette troisième semaine de cure pour me sentir à l'aise dans ma nouvelle façon de vivre. À la fin de la thérapie, j'avais hâte de retourner chez moi et de retrouver mes choses. En mettant le pied hors du Pavillon, j'ai promis que j'allais faire n'importe quoi pour continuer à vivre sobrement, peu importe le prix, qu'il s'agisse de relations, d'argent ou d'autre chose.

J'avais enfin la possibilité de faire éclore librement celle qui avait toujours vécu à l'état embryonnaire en

moi, une femme qui ne souhaitait qu'une seule chose:
être heureuse d'être ce qu'elle était. Depuis le mois de
mai 1982, je suis comme un papillon qui vient de s'ouvrir au soleil et qui ne se lasse jamais de s'épanouir.

**J'ai de la peine à me reconnaître. Il faut dire que les modes changent pour
le mieux...**

Au concours Miss Télé Sept. Ce soir-là je ne fus pas la reine...

Avec mon premier chef d'orchestre: Jerry Devilliers.

Un défilé, pour souligner mon titre de Découverte de l'année, en 68.

La Tournée Musicorama 68.

La même Tournée, trois ans plus tard, en 71.

Deux tenues vestimentaires bien différentes.
Il en faut pour tous les goûts.

À une époque où j'étais plus blonde: la Tournée Photo Vedettes, en 76.

L'émission de télévision PATRICK ET RENÉE. Un très beau souvenir et une merveilleuse expérience.

Que ce soit à la télévision ou en spectacle, j'attache beaucoup d'importance à mon allure générale.

Une chanson tendre... Un moment d'émotion.

Avec ma copine Michèle Richard, en spectacle, lors de la Tournée PHOTO VEDETTES.

L'amitié est rare dans notre milieu. Michèle et moi prouvons que c'est possible.

Deux vieilles copines, sans maquillage et sans paillettes...

Chapitre V
Une renaissance physique et spirituelle

Nos défauts sont les yeux par lesquels nous voyons l'idéal.

— Friedrich NIETZSCHE

Avec le recul des années et après avoir reconquis l'autonomie de mon corps et de mon esprit, j'apprends à regarder mon passé avec détachement, sans regret aucun. J'ai tout accepté, non pas en essayant d'oublier ou de renier ces événements qui ont marqué ma vie, mais avec l'assurance qu'il était nécessaire que je vive tous ces drames et toutes ces joies pour devenir celle que je suis aujourd'hui. Je n'ai d'ailleurs ni le temps ni l'énergie nécessaires pour ressasser inutilement un passé qu'il m'est impossible de changer alors que j'ai maintenant tant de choses merveilleuses à expérimenter.

À l'heure des regrets, je me disais parfois que j'aurais bien aimé avoir un deuxième enfant, mais qui sait ce qui serait advenu de lui pendant mes pires moments d'enfer. Aussi, j'ai souvent souhaité pouvoir briser mon esclavage face à l'alcool à 28 ans, mais je n'étais sûrement pas assez mûre pour cela. Je n'avais pas encore assez souffert et je ne m'aimais pas suffisamment pour choisir une fois pour toutes de me prendre solidement en mains.

Aujourd'hui, il m'arrive encore de nourrir quelques rêves mais je ne m'y accroche plus. J'ai appris à me satisfaire de tout ce qui surgit de beau et de moins beau dans ma vie. Pendant des années, j'ai été radicalement contre l'institution du mariage. Autrefois les amoureux devaient se justifier clairement aux yeux de leur entourage s'ils refusaient de se marier alors qu'aujourd'hui nous vivons le pôle opposé et ce sont maintenant ceux et celles qui rêvent d'épousailles en bonne et due forme qui perdent trop souvent la face. Inconsciemment ou non, nous sommes toujours soumis à la mode. C'est maintenant à mon tour d'être à contre-courant car je pense que j'aimerais me marier un jour. Ceux qui me connaissent bien savent que je n'ai jamais souhaité une vie compliquée. Si cela se réalisait, je n'abandonnerais pas ma carrière pour autant, mais j'apprendrais à travailler plus calmement. Je ne crois pas qu'il faille délaisser sa carrière pour un homme car l'amour est comme une fleur; lorsqu'il se referme, c'est inévitablement pour aller mourir.

Dans le passé je n'étais pas prête pour une relation durable car je ne m'aimais pas et je ne m'imaginais même pas qu'un homme puisse véritablement éprouver de l'amour pour moi. Lorsque les quelques hommes que j'ai eus dans ma vie m'ont dit après notre rupture que je leur avais fait mal, je ne comprenais pas ce que cela signifiait. Lorsque je leur répondais qu'ils n'avaient pas dû tellement souffrir parce que j'étais convaincue qu'ils ne m'avaient jamais aimée, ils répliquaient que je n'avais pas su m'en rendre compte au bon moment. Il est vrai que je me sous-estimais tellement à cette époque que je croyais que tout le monde me jugeait défavorablement. Encore aujourd'hui j'ai beaucoup de difficulté à me laisser aimer, mais j'ai la chance d'en être consciente et d'être prête à déployer les efforts requis pour m'éviter des souffrances. Pendant trente ans j'ai été incapable d'accepter qu'une relation aille bien tout le temps. Je provoquais les événements et les gens pour que ça tourne mal à un moment donné. C'était une façon d'attirer l'attention et de m'apercevoir si l'autre me prenait pour acquise ou non.

Je suis persuadée qu'un alcoolique en réhabilitaton a besoin d'ajouter une dimension spirituelle à sa vie s'il désire progresser dans son cheminement. Personnellement je vis ma spiritualité et cela m'aide sur tous les plans. Je suis certaine que 90 p. cent de ma sobriété est due à cela. Comme la plupart des alcooliques, lorsque j'ai des tracas ou des ennuis, je suis tentée de me laisser couler dans le négatif. C'est incroyable tout ce que je peux brasser dans ma tête en moins de cinq minutes. Mais aujourd'hui je possède un moyen de m'en sortir que je propose à ceux et celles qui vivent ces angoisses épouvantables même en étant parfaitement sobres. J'ai toujours un cahier à la portée de la main et j'écris tout ce qui me vient à l'esprit à l'Être Supérieur. C'est une thérapie extraordinaire car je peux lui confier mes pensées les plus intimes, celles que je n'oserais dire même à mes meilleurs confidents. Je Lui exprime tout ce que j'ai sur le coeur et je suis certaine qu'il m'entend et qu'il sait même tout ce que je veux lui dire avant même que j'ai pu l'écrire. Lorsque je ne trouve pas le mot exact pour décrire ce que je ressens, je ne m'en fais pas car lui le devine. Cet exercice quotidien me défoule et m'aide à traverser des périodes difficiles. Il m'arrive d'écrire vingt fois par jour et je sais que c'est l'action juste, car pendant ce temps je n'ai aucunement envie de prendre un verre.

Ma volonté de ne plus vouloir jamais rechuter me pousse à faire une chose: ne plus rien accumuler de négatif dans mon coeur et dans ma tête. Et lorsque j'écris mes pensées les plus profondes, je sais que je les confie au meilleur être qui puisse exister. Un des pires ennemis de l'alcoolique est la fatigue. Cela le rend négatif et lui fait voir ses problèmes sous un angle encore pire. Plusieurs rechutes sont dues à une accumulation de fatigue. Les difficultés semblent plus nombreuses; les solutions moins évidentes. Ceux et celles qui ne sont pas alcooliques ont souvent le même réflexe lorsqu'ils veulent se détendre: prendre un verre. Mais que fait un alcoolique qui ne boit plus dans la même situation? La première solution est évidemment d'essayer de récupérer le sommeil perdu en dormant ou en évitant de s'épuiser. Une autre façon positive est de rencontrer d'autres alcooliques qui sont eux aussi en réhabilitation.

Lorsque j'écris dans mon cahier, je ne prétends pas que tout se règle comme par magie le jour même. Mais l'expérience m'a prouvé que l'Être Supérieur m'envoyait toujours ce dont j'avais besoin au bon moment. Tout ce qui m'arrive depuis deux ans surgit exactement lorsque je suis parfaitement capable de l'assumer. J'ai souvent tendance à être impulsive et à souhaiter que tout survienne immédiatement, mais je sais intérieurement que tout doit se rétablir progressivement. Par exemple, lorsque j'analyse ma situation financière et que je la compare à celle que j'avais il y a deux ans, je constate la chance que j'aie. Aujourd'hui je ne me fais plus de dettes; j'ai appris à vivre avec moins d'argent, moi qui n'osais jamais sortir de la maison autrefois si je n'avais pas quelques centaines de dollars dans mon porte-feuille. J'ai aussi le privilège aujourd'hui d'avoir de vrais amis qui me font confiance et qui seraient prêts à m'aider en cas de besoin urgent. Lorsque j'étais une alcoolique active, on ne m'aurait jamais consenti un prêt important à cause de ma réputation établie d'une fille qui dépensait trop. Mais comme j'étais très manipulatrice, je réussissais toujours à trouver le bon filon pour m'en sortir.

Lorsque je parle de spiritualité, je n'implique pas nécessairement la religion. Comme la plupart des Québécois, j'ai été éduquée dans la croyance religieuse catholique. Mais aujourd'hui je n'ai plus besoin d'intermédiaire; je suis convaincue qu'il existe une force supérieure à la mienne et je suis en contact direct avec elle. La foi, c'est croire à un Être Supérieur et non pas à un système légiféré par les êtres humains, Je n'ai plus aucun lien avec l'Église catholique car je n'ai plus envie de me faire raconter des histoires par des prêtres ou des religieuses. Dieu nous prodigue son amour et sa bonté et je trouve criminel de faire croire aux enfants que Dieu est là pour nous épier dans nos moindres gestes et nous punir. Je me souviens qu'à l'âge de 14 ans je ne pouvais supporter les curés qui faisaient de beaux sermons en chaire et qui essayaient de me prendre dans un coin la même journée. Ils me traumatisaient avec leur chantage psychologique et leur épouvantable lavage de cerveau. Je crois que leur but était de nous faire détester Dieu à force de nous faire peur. Aujourd'hui je sais que ce n'est pas Dieu qui punit mais les êtres humains... Il n'est pas là pour user de cruauté envers nous mais pour nous aimer. Si les humains aiment se battre et se déchirer entre eux, ce n'est certainement pas lui le responsable. La méchanceté des hommes et des femmes ne se nourrit pas à sa source. À l'âge de 9 ans, le prêtre m'a fait sortir du confessionnal parce que je m'étais trompée dans mon acte de contrition. Il a crié à tue-tête en me disant que j'étais peut-être folle parce que je n'apprenais pas mes prières. Tout ce par coeur ne me disait rien. Lorsqu'arrivait le jour de la confession, j'avais tellement peur que j'étais torturée intérieurement. Les religieuses nous disaient, comme pour empirer les choses, que nous faisions d'autres péchés si nous parlions à l'église ou si nous ne portions pas de chapeau. Je me suis révoltée assez tôt mais j'avais entière confiance en mon cousin qui était prêtre. C'était la seule personne de l'Église catholique que j'aimais rencontrer parce que nous nous aimions beaucoup lorsque nous étions enfants. C'était le fils du frère de ma mère. Je l'adorais et je crois que c'était réciproque. Je ne voulais plus me confesser qu'à lui. Lorsqu'il venait à la maison, je parlais avec lui pendant deux ou trois heures, après quoi il me donnait l'absolution. C'était important pour moi parce que j'avais toujours eu la foi. Mais un jour notre relation s'est transformée négativement. J'ai appris qu'il avait renié sa soeur parce qu'elle était enceinte et qu'elle ne voulait pas se marier. Je me suis vite remémoré les belles paroles des prêtres qui parlent toujours de charité humaine et qui ne l'appliquent que très rarement dans la réalité. Plus tard je suis devenue enceinte de mon fils. Un jour, je devais faire l'émission d'André Guy à CHLT. Les recherchistes avaient demandé à des parents et à des amis de participer à l'émission pour me rappeler des souvenirs. Ma mère a donc téléphoné à mon cousin prêtre car elle savait que je l'aimais beaucoup. Il lui a dit qu'il ne voulait plus rien savoir de moi parce que je n'étais plus une enfant de Dieu du fait de ma grossesse hors mariage. Il ne m'a jamais reparlé depuis. Le seul lien qui me restait avec la religion catholique venait de se briser.

Ma relation avec les religieuses n'a jamais été très rose non plus. Je me souviens de l'un des couvents où mes parents m'avaient envoyée. La religieuse qui s'occupait du dortoir avait été très gentille avec moi dès mon entrée. Deux jours plus tard, ayant appris que je faisais du showbusiness avec mes parents, elle m'a donné plusieurs punitions en me disant que je deviendrais une putain. J'avais 11 ans... Cette année-là, les religieuses me mettaient toujours sur le dos les problèmes qui surgissaient entre les élèves. Combien de punitions injustifiées ai-je subies? Je ne puis oublier non plus cette autre religieuse à qui ma mère avait envoyé une note lui expliquant que j'avais un grave problème d'audition avec mon oreille gauche et qu'il serait préférable que mon pupitre soit placé le plus près possible du professeur. Après avoir lu le papier, la religieuse m'a ordonné d'aller m'asseoir en arrière de la classe. Lorsque je lui disais que je n'entendais pas, elle prenait mon pupitre et le plaçait juste à côté de son bureau, complètement en avant des autres élèves, pour m'humilier. Elle me disait sèchement: «Maintenant tu vas bien entendre!» Dès que j'osais émettre une opinion, elle me faisait taire ou elle me frappait au visage.

Si ma spiritualité n'a aucune connotation religieuse, c'est que je suis convaincue de l'amour infini de Dieu pour ceux et celles qu'il a créés. Certains alcooliques en réhabilitation se servent de la religion comme d'une béquille et leur dépendance est aussi forte que celle qu'ils avaient pour l'alcool. Encore une fois ils auront besoin de retrouver leur équilibre. D'un autre côté, la spiritualité fait peur à plus d'un. Ceux et celles qui débutent une thérapie n'ont pas souvent envie d'entendre parler de cela. La première fois que des alcooliques en réhabilitation m'ont parlé de Dieu, je leur ai dit que je n'étais pas venue les rencontrer pour entendre un sermon mais bien pour essayer de régler mon problème d'alcoolisme. Certains ont continué à m'en parler, mais toujours à mots couverts. J'ai apprécié qu'ils ne m'imposent rien et qu'ils respectent mon propre rythme. Cen n'est qu'après quelques mois que j'ai réalisé que la spiritualité était indispensable à ma réhabilitation. Aujourd'hui je suis heureuse de vivre ainsi mais je n'embête personne avec ma nouvelle philosophie. Je la vis à ma façon, telle que je la conçois. Il est normal que certains alcooliques aient plus besoin de s'accrocher à quelque chose que d'autres.

Tout dépend de leur force de caractère initiale et de leur degré d'autonomie. Personnellement j'ai la chance d'être indépendante et je n'utilise pas la spiritualité comme bouée de sauvetage.

Celui ou celle qui arrête de boire est complètement désorienté parce que l'alcoolisme est un total déséquilibre des émotions. Les plans financier, professionnel, affectif et amical de sa vie sont hors de son contrôle. Arrêter de boire est beaucoup plus facile que de retrouver son équilibre. Mais à force de demander à Dieu de l'aider, il en vient à ne plus avoir soif. Ce changement ne s'opère pas du jour au lendemain chez un individu qui a été dérouté toute sa vie; la réhabilitation est un job à plein temps, mais c'est aussi la plus grande des victoires. Un alcoolique qui a décidé de se prendre en mains n'en continuera pas moins à faire des erreurs, comme tous les êtres humains. Mais il aura enfin la chance de les voir de façon plus lucide et d'éprouver de moins en moins de panique devant les problèmes à régler.

Lorsque je me sentais mal dans ma peau à force d'avoir trop bu, il m'arrivait souvent de demander à Dieu de m'enlever la soif, mais mon souhait ne se réalisait pas, peut-être parce que je ne le demandais pas assez honnêtement. Après ma deuxième thérapie, j'ai eu soif pendant les neuf mois qui ont suivi. Pendant la période des Fêtes, je suis allée chez mes parents et j'ai pris deux ou trois bières. J'ai dû recommencer à zéro le comptage de mes jours de sobriété. Le printemps suivant, j'ai fait une tournée de promotion avec mon père pour le lancement du microsillon «C'est mon histoire». Dans ma chambre on avait mis des fleurs et le bar était rempli à craquer. Mon père était offusqué qu'on ne l'ait pas accueilli en vedette comme moi. J'avais prévu sa réaction mais cela m'a quand même contrariée. J'ai donc décidé de mettre deux bières au froid dans l'intention de les boire après le souper. Lorsque je suis revenue dans ma chambre dans la soirée, je me suis versé une bière, puis je suis allée dans la salle de toilette et, je ne sais par quelle intuition, je suis tombée à genoux en disant: «Mon Dieu il me semble que je fais suffisamment d'efforts pour ne plus toucher à l'alcool, enlevez-moi au moins la soif.» Je le souhaitais de tout mon coeur. Je me suis relevée et j'ai jeté la bière. Je n'ai plus jamais ressenti la soif après cela. Je ne m'en suis pas aperçue immédiatement, mais lorsque j'allais dans des réceptions l'idée de prendre un verre ne me traversait jamais l'esprit. Cette expérience fut un réveil spirituel définitif pour moi et ma confiance en Dieu n'a jamais cessé de grandir depuis.

La philosophie de ne vivre qu'une seule journée à la fois est très importante à tous les niveaux de la vie d'un alcoolique en réhabilitation. Sans elle, lui qui perd comme rien le contrôle de sa vie pourrait retomber facilement dans l'alcoolisme actif. Ce qui est normal chez les uns est un exploit chez les autres. Il faut être d'une rigoureuse honnêteté envers soi-même. Depuis deux ans, je recommence à vivre. Il n'est pas toujours facile de voir les choses et les gens tels qu'ils sont, mais il faut apprendre à les accepter. Je déplore les guerres et les injustices, je ne comprends pas le pourquoi de la misère humaine, mais qu'est-ce que je peux faire pour guérir le monde sinon commencer par travailler à ma propre sérénité. Une personne qui est en guerre contre elle-même le sera aussi contre le monde entier. Aujourd'hui je n'ai plus envie de changer le monde; j'ai décidé de travailler à ma propre transformation. Lorsque je me réveille un matin et que je me sens moins en forme que la veille, je fais une prise de conscience et j'essaie de trouver quelles sont les choses positives que j'ai arrêté de faire. Il faut entretenir son bonheur tous les jours.

Lorsque j'ai commencé à vivre mes vingt-quatre heures à la fois, j'ai eu beaucoup de difficulté à expérimenter cette thérapie journalière. Mais j'ai vite réalisé qu'il était beaucoup plus épuisant pour moi de boire que de vivre ma nouvelle vie. Peu de gens s'imaginent combien il est fatigant d'être un alcoolique actif. Toute notre vie est axée là-dessus et toutes nos décisions et nos actions en dépendent. On ressent du mal à penser, à entretenir nos relations et à fonctionner parce que l'on est touché par tout ce qui nous arrive à cause d'une hypersensibilité extrême. Comme une pellicule de caméra, on prend tout d'une claque.

La sobriété est une victoire qui n'est jamais acquise pour de bon. C'est à force d'accumuler des petites victoires quotidiennes que l'on finit par grandir. Les alcooliques en réhabilitation ont souvent des réactions d'adolescents qui découvrent la vie. L'entourage est souvent étonné, mais il devrait essayer de comprendre ce que signifie de commencer à vivre à 30, 40 ou 50 ans. Depuis quelque temps, j'apprivoise des choses que je ne croyais pas aimer, des qualités que je ne pensais pas avoir, des gens avec qui je n'avais aucune affinité dans le passé. Mon entourage a changé; je vois enfin qui sont mes vrais amis. Tout se replace tranquillement dans ma tête et autour de moi, et j'accepte de passer à travers tous ces bouleversements en gardant la tête haute. Au fur et à mesure de mes découvertes, je réalise que c'est toute ma vie qui se simplifie à cause de mes nouvelles attitudes. Je comprends aujourd'hui que ce sont les adultes qui se compliquent eux-mêmes la vie. Lorsque l'on regarde les animaux, on remarque qu'ils n'ont pas besoin de psychologue ou de psychiatre pour être heureux. Les enfants aussi viennent au monde sans transporter avec eux un bagage de problèmes et de tortures mentales; ce sont les grandes personnes qui leur enseignent à perdre leur simplicité naturelle. Je suis heureuse de voir quelles sont les valeurs essentielles de la vie.

J'ai aussi la chance de rencontrer toutes les semaines d'autres alcooliques en réhabilitation qui, comme moi, s'ouvrent à une vie nouvelle. Ces hommes et ces femmes savent écouter, sans juger, les espoirs et les banalités de mon univers quotidien. Puisqu'ils ont eux-mêmes vécu les mêmes souffrances intérieures que moi, ils savent toujours répondre avec une logique implacable à toutes mes questions plus ou moins importantes. Il est indispensable de partager avec des semblables qui rendent notre évolution plus facile. Je ne me suis jamais vantée de m'être sortie toute seule de mon alcoolisme. Ce que je possède aujourd'hui, je le dois d'abord et avant tout à la solide continuité de mes efforts et le bonheur que je vis n'est pas une faveur que les autres m'accordent. Je reconnais toutefois que les contacts que j'ai eus avec d'autres alcooliques qui vivaient la même situation que moi ont toujours su répondre à mes attentes au bon moment. J'ai eu mal toute ma vie et je n'ai plus envie de souffrir, donc je me protège. Je suis née sous le signe du Cancer, un signe très marqué par le sceau de la sensibilité, ce qui me prédisposait naturellement à être facilement atteinte par les circonstances extérieures. Le fait d'être aussi une femme alcoolique prouve combien je dois me battre pour vaincre les peurs et les événements négatifs. Ma nouvelle philosophie, je ne l'ai pas pigée au hasard dans un livre. J'ai tellement vécu d'expériences marquantes depuis que je suis née que je possède maintenant une logique déductive rigoureuse qui étonne parfois les autres. J'ai toujours trouvé étranges ces personnes qui ont pris tout leur savoir dans les bouquins et qui font très attention au cours d'une conversation de ne jamais répéter le même mot trois fois. Je me plais à leur dire de ne pas se gêner pour utiliser souvent le même mot car c'est probablement le seul que je comprenne.

Il m'aura fallu deux ans pour régler tous les domaines de ma vie l'un après l'autre. J'ai dû faire tout un ménage! Plus rien ne traîne aujourd'hui, tout s'est replacé avec le temps. Le plus difficile aura été de changer mon entourage. J'ai perdu plusieurs amis en arrêtant de boire parce qu'ils me touvent trop ennuyeuse depuis. Avant, toute ma vie était centrée sur les bars. J'ai demandé aux personnes que j'y fréquentais d'essayer au moins de ne pas me nuire si elles n'avaient pas l'intention de m'aider dans ma nouvelle démarche. Il est toujours douloureux de couper le cordon, mais j'ai réussi à le faire. Certaines relations m'empêchaient d'avancer. Je suis maintenant troublée lorsque j'entends la chanson «Un peu plus loin, un peu plus haut» de Jean-Pierre Ferland. Je sais maintenant ce que chacune des phrases signifie. Lorsque tu évolues, tu dois essayer d'entraîner tes proches avec toi, sinon tu dois leur lâcher la main et partir en avant sans eux. Lorsque l'on grimpe d'un pallier, on doit inévitablement en laisser plusieurs derrière soi et aller rejoindre ceux qui étaient déjà rendus là où l'on vient tout juste de poser le pied. Il ne me reste plus que deux des amis que je possédais avant. Ils m'ont attendue patiemment en gardant toujours l'espoir que je me sorte de mon enfer un jour. J'ai recherché le bien-être dans l'alcool pendant des années et j'ai été chanceuse que quelqu'un me lance un jour un câble pour me hisser hors de mon trou noir.

Je me considère privilégiée de m'en être sortie si jeune. Lorsque je rencontre des hommes et des femmes qui vivent une réhabilitation à 50 ans, je sais qu'ils sont dotés d'un courage extraordinaire. J'aime les relations honnêtes et simples. J'ai joué un rôle pendant treize ans; aujourd'hui je n'ai absolument plus rien à prouver. Autour de moi ne restent plus que ceux et celles qui n'essaient pas de me jouer la comédie. Ils ne sont pas là parce que je suis une chanteuse mais bien parce qu'ils m'aiment pour la femme que je suis. Ils sont fiers du succès que je connais sur le plan professionnel, mais ce n'est pas mon succès qui les attire. Pendant environ trente ans, j'ai vécu en fonction de la chanteuse Renée Martel; depuis deux ans je vis pour moi, je valorise la femme en moi. Mes yeux s'ouvrent sur des choses qui me laissaient jadis indifférente. Lorsque je voyage à travers le Québec, je découvre des paysages d'une beauté inouïe. Pour la première fois de ma vie, je respire profondément et j'aime cette sensation. Dans le passé j'avais toujours été une femme vraie, mais il y avait tellement d'artificiel autour de moi que je me perdais peut-être là-dedans. Depuis que je me sens bien dans ma peau, je vois que chaque chose qui m'arrive contribue à faire le succès de ma journée. Je ne m'attarde plus à l'inutile et c'est en parlant avec les mots du coeur qu'il m'arrive de plus en plus souvent de mettre le doigt sur l'essentiel de ma vie. J'ai retrouvé mon assurance, ma sécurité intérieure. Je profite de toutes les solutions qui me sont offertes pour faire les efforts qui me mèneront encore plus loin. Un alcoolique est une personne qui n'a jamais accepté de se sentir aimer. J'essaie d'éliminer mes réserves l'une après l'autre afin d'accepter la tendresse, les compliments, l'amitié ou l'amour d'autrui. Lorsque j'ai remporté le trophée Félix, à l'automne 1983, j'ai ressenti une chaleur amicale dans l'assistance lorsque mon nom a été nommé. Tout le monde ne savait pas que j'étais une alcoolique en bonne voie de réhabilitation, mais tous étaient au courant que ma carrière avait connu une baisse au cours des dernières années et que mon microsillon «C'est mon histoire» marquait mon retour en force. C'était la première fois que je réalisais que plusieurs personnes du milieu artistique m'aimaient et étaient heureuses de mon succès. Leurs applaudissements lorsque je suis montée sur scène pour aller chercher mon trophée étaient un merveilleux appui non verbal, un bel encouragement que je n'avais encore jamais reçu de ce milieu. Lorsque mon nom a été nommé et que j'ai entendu crier des bravo, j'ai vécu des sensations indescriptibles. Au micro, j'ai dit que même si les artistes avaient parfois certaines difficultés, la chanson restait un des plus beaux métiers de la terre. Je savais que les gens dans la salle sentaient ce que je voulais dire par ces mots. J'étais timide car c'était la première fois que je me sentais mise à nue devant les membres de ma profession. C'était à la fois bouleversant et difficile, et certainement un des plus beaux moments de ma carrière. Ce n'est que le lendemain, toute seule chez moi, que j'ai vraiment réalisé ce qui s'était passé la veille. J'étais tellement émue par moments que je ne me privais pas de pleurer lorsque des larmes me montaient aux yeux.

Je vis ma carrière différemment depuis deux ans. Je me sens beaucoup plus calme, plus adulte, plus mûre. Je fais moins de choses, mais elles sont plus importantes et je les accomplis avec beaucoup plus de respect qu'autrefois. J'ai décidé d'être une femme heureuse, avec ou sans argent, avec ou sans amour, avec ou sans succès, avec ou sans entourage. C'est là mon projet le plus important et je veux à tout prix être un être autonome à ce niveau-là. Je ne prétends pas pouvoir me passer des autres dans tous les domaines, mais je refuse de courir après le bonheur qui vient du dehors. Je suis persuadée que le bonheur est en nous, donc jamais très loin. Lorsque l'on vit une véritable harmonie intérieure, les autres le ressentent et ne font qu'accentuer notre bonheur. Le fait de dégager un bien-être réel empêche autrui de nous aborder avec violence ou agressivité. J'ai l'impression qu'il n'y a que dix personnes sur cent qui soient heureuses. La plupart recherchent le bonheur dans les autres et dans les objets. Tout cela est malheureusement éphémère. Il faut s'occuper de sa vie intérieure. Il est parfois nécessaire de subir un coup dur pour réaliser tout cela. Personnellement je me dis que s'il a été indispensable que je vive tant d'années difficiles pour en arriver au bonheur que je vis à 36 ans, je suis finalement heureuse d'avoir été alcoolique. Si j'avais passé par un autre chemin, j'aurais peut-être été foncièrement la même femme, mais sans jamais trouver le chemin du bonheur. Je me trouvais nulle et vide dans mes années d'alcoolisme actif tandis qu'aujourd'hui je suis contente de repartir à zéro et d'aller fouiller jusque dans mes racines les plus profondes, même si elles ne sont pas toujours celles que j'aurais souhaitées. Aussi, je vis en acceptant sincèrement que le pire puisse m'arriver. Je ne vends donc jamais la peau de l'ours avant de l'avoir tué car je sais que le destin nous réserve parfois des surprises. Je me fie totalement à l'Être Supérieur. Lorsque je décide de prendre les guides en main, rien ne fonctionne comme je l'avais prévu. Depuis que j'accepte que sa volonté soit faite en tout temps, tout s'arrange pour le mieux, même si ce n'est pas toujours comme et quand je l'aurais imaginé.

Je vis seule et je sais qu'il existe une belle façon de vivre sa solitude. Ceux qui pensent que je m'ennuie se trompent. J'ai choisi ma solitude. Je sais que cela ne plaît pas à tout le monde de voir une femme qui sache s'organiser seule et qui soit indépendante. Je connais plusieurs personnes qui aimeraient vivre en solitaire mais qui n'osent pas le faire. Je crois que lorsque l'on se sent bien avec soi-même, on ne peut pas avoir peur de vivre seul. De plus il y a tellement de choses agréables à faire que je ne comprends pas que l'on puisse s'ennuyer. Mes amis me suffisent. Je n'ai ni le temps ni le tempérament pour apprécier la superficialité des rencontres. Je n'ai jamais été mondaine et je ne me suis jamais sentie à l'aise dans les groupes nombreux. J'aime parler avec deux ou trois personnes, pas davantage. Je sais déceler plus rapidement qu'avant ceux qui essaient de se rendre intéressants à mes yeux ou qui ont l'intention de m'impressionner. Je n'ai aucunement le goût de m'embêter avec eux.

Dans la maison, j'écris, je lis, je dors. J'aime être chez moi et mes amis ont toute la misère du monde à me faire sortir. Pour la première fois de ma vie, je dors bien, sans faire de cauchemars épouvantables. Je réussis à m'endormir dès que je pose ma tête sur l'oreiller, moi qui vivais d'affreuses nuits d'insomnie auparavant. Je sens que j'ai beaucoup de sommeil à récupérer. Lorsque l'on arrête de boire, on ne retrouve pas toutes ses capacités physiques du jour au lendemain. Il y a deux ans j'étais complètement vidée. Je faisais des chutes de pression, j'étais blanche comme un drap, je n'étais même pas capable de marcher sans que mes genoux claquent. Il m'a fallu un an avant que je me sente en forme physiquement. Je fais des exercices de mise en forme tous les matins et je ne pourrais plus me passer des bienfaits qu'ils me procurent. Lorsque j'ai décidé de mettre de l'ordre dans ma vie, j'ai été obligée d'adopter une certaine discipline. Je suis consciente que c'est un miracle si j'ai réussi à me libérer de l'enfer de l'alcoolisme avec un bon équilibre physique et mental. Tous et toutes n'auraient pas survécu à tout cela. Je suis une femme privilégiée d'avoir pu conserver mon intelligence et mes capacités. Je n'ai plus peur de rien et je suis fière du chemin que j'ai parcouru et de ce que je suis aujourd'hui. Quoi de plus anormal qu'un alcoolique qui ne boit plus et qui est quand même très heureux...

Je ne suis pas réjouie d'être une alcoolique, mais je suis contente de l'avoir réalisé un jour et de m'en être si bien tirée. Je vis très bien avec cela. Chaque matin, je choisis d'être heureuse avec ce que j'ai. Je me laisse vivre et je défais au fur et à mesure tous les noeuds intérieurs qui pourraient gêner mon évolution. Je ne suis plus pressée comme avant car je sais que pour le reste de ma vie je devrai vivre vingt-quatre heures à la fois. Je ne veux plus jamais subir les effets de l'alcool, et c'est ce qui m'empêche de prendre mon premier verre. Mais je sais que je ne devrai jamais prendre ma réhabilitation pour acquise. La sobriété exige des efforts quotidiens. Après deux années, je n'ai plus besoin de faire des efforts d'arrache-pied mais je demeure consciente qu'un alcoolique reste un alcoolique jusqu'à sa mort, même s'il n'a pas bu pendant plusieurs années.

Se redécouvrir est un travail à plein temps. Je sais que j'ai toujours été la même, mais que je m'étais reléguée aux oubliettes pour plusieurs années. Je réveille tout ce qui dormait en moi. J'avoue que l'alcool était un masque qui m'empêchait de me regarder en face. J'avais besoin de m'évader et je l'ai fait d'une manière artificielle avec de l'alcool, des pilules et des drogues. Je croyais que la vie n'était pas belle, mais aujourd'hui je sais qu'il y a une merveilleuse façon de la vivre. Chaque moment présent me sert aujourd'hui d'évasion.

Mes découvertes sont innombrables. Par exemple, j'ai découvert «Le petit prince» de Saint-Exupéry à 36 ans. Un jour, un ami m'a lu un passage de ce livre et j'étais terriblement gênée de lui dire que je ne l'avais jamais lu. J'ai attendu deux jours avant de le lui avouer. Je ne le lis pas de la même façon que je l'aurais fait à 16 ans. Mon ami m'a dit: «Tu es chanceuse de le découvrir à ton âge.» Je sais que c'est merveilleux mais très souvent je suis mélancolique de savoir que j'aurais pu connaître toutes ces belles choses beaucoup plus tôt. Je sais qu'il n'est jamais trop tard mais j'aurais aimé que tout cela soit naturel pour moi. J'arrive dans un monde où mes amis vivent de cette façon depuis toujours. Tout est nouveau pour moi et je suis parfois impressionnée. Ces découvertes me demandent un grand effort d'adaptation car je suis comme une novice dans plusieurs domaines. Cela me choque que ce soit toujours les autres qui me fassent connaître tel mets, telle méthode de cuisson, tel auteur, tel compositeur, etc. Avec eux, j'élargis maintenant mes horizons, je m'instruis sur plusieurs choses, j'apprivoise une culture différente. Mes amis sont heureux de me montrer de nouvelles choses et je réalise qu'il n'y avait jamais eu de snobisme dans leur comportement ou leurs goûts. Ceux qui m'entourent sont suffisamment intelligents et m'aiment assez pour comprendre. À la base j'avais toujours eu les mêmes goûts qu'eux, mais je n'avais pas eu la chance de les développer comme eux. J'essaie de ne pas trop me sentir humiliée et je suis de plus en plus à l'aise dans cet environnement.

Ceux que j'ai gardés autour de moi sont les gens qui m'ont aidée à m'en sortir professionnellement, financièrement et sur tous les autres plans. J'ai trop d'une seule main pour les compter. Les autres que j'avais cru être mes amis se sont empressés de me dire, lorsqu'ils ont appris que j'étais en réhabilitation, que j'étais plus drôle lorsque je buvais... Ceux-là ne peuvent plus me blesser car j'ai une épaisse couche de varathane sur le coeur. Lorsque j'ai décidé de ne plus boire d'alcool, j'ai réalisé que j'avais cent un problèmes à régler. J'ai commencé par en résoudre un et tous les autres on suivi. C'est pourquoi l'évolution d'un alcoolique en réhabilitation s'accomplit souvent de façon imperceptible. J'ai parfois été tentée de sauter des étapes mais je me suis vite résignée à accepter tout ce qui était mis sur ma route. J'ai laissé aux gens le temps de reprendre confiance en moi. Je n'ai pas à prouver que je me suis transformée. Si les autres le voient tant mieux, sinon je n'essayerai pas de les en convaincre. J'essaie d'être le plus honnête possible envers moi-même et je le suis automatiquement davantage avec les autres. Je ne me mens plus à moi-même, donc je ne porte plus de masque devant les autres. Les alcooliques ont souvent tendance à être masochistes, mais j'essaie d'éviter d'être prise au piège. Par exemple, lorsque j'étais malheureuse autrefois, je m'empressais de mettre un disque qui me rendait deux fois plus triste. Et lorsque je n'avais plus envie de pleurer, je le faisais jouer encore jusqu'à ce que mes larmes reviennent. Je me complaisais dans ma douleur. Depuis que je suis sobre, je ne suis plus influençable. Lorsque je m'aperçois que je suis en train de me faire prendre à l'hameçon, je décroche immédiatement.

Ma relation avec le public s'en trouvera certainement améliorée avec le temps. J'ai envie de parler avec les gens et d'être gentille. Je sais que je n'ai jamais eu d'entregent et que sur ce plan je ne changerai jamais à 100 p. cent, mais je suis visiblement moins sauvage lorsque l'on m'approche. Je suis très heureuse d'avoir toujours su respecter ma carrière même dans mes années les plus difficiles. Les gens du métier qui me rencontrent et qui savent tout ce que j'ai vécu sont contents que je m'en sois sortie. On me tend la main chaleureusement, heureusement sans pitié, avec la joie de constater où j'en suis rendue dans ma vie.

Une de mes plus grandes joies présentement est d'aider une jeune femme alcoolique qui veut en finir avec ses problèmes d'alcool. Je n'avais encore jamais aidé quelqu'un, et personne ne m'avait jamais téléphoné pour demander mon appui. Je trouve notre relation extraordinaire. J'aime suivre son évolution et entendre ce qu'elle a à dire. Elle sait qu'elle peut se fier sur moi car nous avons plusieurs points en commun et nous nous connaissons depuis très longtemps. Lorsqu'elle me parle, je me revois au début de ma période de réhabilitation. Le jour où elle a vu qu'il y avait toujours une porte ouverte chez moi, elle a connu son premier espoir. C'est la première fois que quelqu'un me fait entièrement confiance et cela m'aide beaucoup. Je comprends enfin ceux qui m'ont aidée dans mes moments difficiles et qui me disaient que je les aidais. Je ne les croyais pas mais aujourd'hui je vis avec ma protégée ce qu'eux ont vécu avec moi, il y a deux ans. Mon grand avantage avec cette jeune femme, c'est que je la connais très bien et je sais toute sa vie par coeur. Nous avons même déjà bu ensemble et elle aussi s'est perdue en cours de route. Il est tout à fait naturel que je l'aide. Un alcoolique en réhabilitation ne doit jamais oublier d'où il vient. Il y a deux ans j'étais exactement à la même place où elle se trouve aujourd'hui. Tout ce qu'elle me raconte, je l'ai vécu moi aussi. En étant disponible, je la motive, je lui fait voir l'aspect positif de son cheminement et je réponds à ses questions. J'agis comme un éclaireur qui montre le chemin mais je ne peux pas faire les efforts pour elle. Je lui fais sentir du mieux que je peux qu'elle n'est pas toute seule avec son problème et qu'il y aura toujours des mains tendues pour l'aider. Je sais que pour un alcoolique en voie de réhabilitation, il est indispensable de savoir que l'on n'est pas abandonné avec ses peurs et ses angoisses. Les alcooliques en réhabilitation qui refusent d'aider les autres parce qu'ils se pensent invincibles font souvent une rechute. Il ne faut jamais oublier que l'on est toujours à un pas de notre premier verre. À ce propos j'ai entendu une histoire qui m'a beaucoup plu. Un jour un alcoolique en réhabilitation racontait à ses confrères qu'il n'avait jamais éprouvé de difficulté à ne pas boire son premier verre. «Il n'y avait rien de plus simple, disait-il, quant j'étais dans un bar je commandais toujours deux verres. Je jetais le premier et je buvais le deuxième.»

Les alcooliques qui en sont à leurs premiers jours ou à leurs premières semaines de réhabilitation font souvent l'erreur de vouloir régler tous leurs problèmes immédiatement. Ils détestent, avec raison, se faire dire que seul le temps arrangera les choses. C'est bien la dernière phrase qu'un alcoolique veut entendre. Pourtant rien n'est plus vrai que cela. Rien ne sert de forcer les événements, tout arrivera en temps et lieu. Tant que l'on ne s'est pas fait assez mal, on rechute. L'important c'est de se relever. Le jour où un homme ou une femme en proie avec ce problème décide de s'en sortir, il ou elle a tous les outils nécessaires à la portée de la main. Personne ne peut faire les efforts requis à la place d'un autre.

Lorsque je discute avec ma protégée, je lui fais comprendre que la seule chose que j'ai de plus qu'elle, ce sont deux années de vingt-quatre heures accumulées. Les réponses que je lui donne ne signifient pas que j'applique toujours à la lettre ma philosophie. Comme tous les êtres humains, je vis des émotions qui me font parfois passer à côté de ce que je considère être le plus logique. Je vis des hauts et des bas comme tous les hommes et toutes les femmes le moindrement sensibles. Je sais que je possède maintenant plus d'atouts en main que je n'en avais il y a quelques années. L'adaptation à mon nouveau genre de vie s'opère au fil des jours.

Le contact régulier avec d'autres alcooliques en voie de réhabilitation me fait un bien immense à moi aussi. Autrefois je n'avais pas confiance en cela. Depuis deux ans, je parle tous les jours à un homme et à une femme dont je ne pourrais plus me passer. Ils ont vécu le même enfer que moi et, de ce fait, ils connaissent mieux mes déficiences et mes qualités que ne saurait le faire un psychologue. Lorsque je me remets en question et que je me sens chavirer dans le négatif, je leur parle et ils m'apportent toujours une réponse très valable. Grâce à eux, j'ai réalisé que j'avais des choses positives en moi que je n'avais plus qu'à mettre en valeur. Avant de chercher une solution, je commence par essayer d'être sûre que j'ai un problème. Je suis capable de prendre des décisions plus rapidement que par le passé, ce qui s'avère être un immense progrès pour moi. Lorsque je sais qu'une personne ou qu'une situation peut me rendre malheureuse, je l'évite. J'analyse le pour et le contre dans tout ce qui se présente, contournant ainsi les choix impulsifs. Mes erreurs sont moins nombreuses et moins graves avec le temps à cause de ma plus grande stabilité. Je sais clairement ce que je veux faire de ma vie, ce qui me pousse à vouloir protéger à tout prix mon bien-être intérieur. En général un alcoolique actif dérange une quarantaine de personnes dans son entourage. Ce nombre augmente ou diminue selon sa situation. En tant que figure publique, j'ai dû faire du tort à pas mal de gens. Maintenant que je suis épanouie et bien dans ma peau, eux aussi doivent se sentir soulagés.

Avant de m'admettre sincèrement que j'étais alcoolique, je n'avais vraiment jamais réalisé ce qu'était une personne esclave de l'alcool. J'ai sûrement dû rencontrer des hommes et des femmes en réhabilitation, mais je ne m'en apercevais pas. C'était le dernier de mes soucis. Mais lorsque j'entendais Jean Lapointe en interview, je me disais: «Regarde toutes les belles choses qui lui arrivent depuis qu'il a arrêté de boire.» Mais il ne me serait jamais venu à l'idée de me dire que toutes ces belles choses pourraient peut-être m'arriver à moi aussi si je ne prenais plus d'alcool. Pourquoi? Parce que boire faisait partie intégrante de ma vie; c'était une action naturelle et j'étais convaincue que j'allais boire toute ma vie. En fait un alcoolique est libre de boire jusqu'à sa mort. Personne ne lui mettra de bâtons dans les roues, personne ne lui dira de s'arrêter. Lorsque j'ai terminé ma deuxième thérapie qui avait duré trois semaines, je me suis dit: «Maintenant tu as le choix de continuer ta vie comme avant ou de poursuivre celle que tu viens de découvrir. C'est à toi de voir dans laquelle des deux tu te sens le mieux.» Évidemment, si j'avais accepté d'aller en thérapie, c'était certainement parce que j'entrevoyais le besoin d'un changement dans mon existence. Je savais très bien que je n'étais pas une femme heureuse et que je passais la plus grande partie de mon temps à pleurer sur mon sort. Aujourd'hui je serais libre de recommencer à prendre un verre, mais où cela me conduirait-il?

Quand des amis, aujourd'hui, prennent un bon verre de vin à table ou à l'heure de l'apéritif, je ne me sens pas du tout tentée. À table, pendant que mes amis dégustent les meilleurs vins, je me contente de ce que j'appelle mon 40 onces de Perrier. Mais j'ai souvent remarqué que les autres étaient souvent gênés que je ne boive pas avec eux. Un soir, alors que nous fêtions un ami et que le Dom Pérignon coulait à flots, l'ami en question est venu me voir en disant qu'il était mal à l'aise de me voir avec mon verre d'eau Perrier. Je l'ai rassuré en lui disant qu'il n'avait pas à se sentir dérangé parce que l'alcoolisme était mon problème et non pas le sien et que je n'avais aucun mérite de ne pas boire de champagne parce que je n'éprouvais plus aucun besoin d'alcool. Si j'avais encore soif, mes amis seraient assez vigilants pour faire attention, mais maintenant ils peuvent boire librement devant moi.

Aujourd'hui je suis une femme pleinement heureuse. Mon fils est la personne qui m'apporte le plus de joie et notre relation est remplie de tendresse et d'amour. Depuis que je me sens bien dans ma tête et dans mon coeur, il sait que je suis beaucoup plus attentive envers lui. Je suis également très satisfaite de mes nouveaux liens avec mon père. Récemment il m'a dit une chose que je n'oublierai jamais. «Je veux que tu saches, a-t-il dit, que ce n'est pas à Renée Martel la chanteuse que j'aiderais, mais à ma fille.» J'étais très émue d'entendre ces mots de sa bouche. Pendant des années j'ai cru qu'il ne m'aimait que parce que j'étais une artiste. Aujourd'hui il est certainement l'homme que j'aime le plus malgré certaines différences d'opinion. Je lui raconte tout alors qu'autrefois je ne me serais jamais confiée à lui. Ses réponses sont d'une logique indiscutable et il met toujours le doigt sur les bonnes choses. Après toutes ces années, lui aussi s'est trouvé une confidente. Il me confie ses pensées les plus intimes et je le respecte beaucoup. Je n'essaie plus de le changer; lui non plus. Je lui parle comme une fille parle à son père, ce que je n'avais jamais réussi. J'ai ouvert la porte et il est entré. Je suis heureuse de le connaître car c'est un être humain de qualité. Je trouve merveilleux que notre relation, après tous les détours parfois difficiles qu'elle a connus, se transforme aussi positivement avec le temps. Je me considère privilégiée de pouvoir parler simplement avec lui.

Mon bonheur vient aussi des beautés innombrables de la nature que j'ignorais depuis toujours. Je me surprends à m'émerveiller devant un arbre couvert de verglas ou une neige cristalline. Autrefois je me plaignais de tout et de rien. Je ne savais pas apprécier les nuances des couleurs, des sons et des gens qui font de la vie un magnifique chef-d'oeuvre de complémentarités. Je me suis souvent battue pour rien, là où je n'étais pas appelée. Depuis quelques mois, j'apprends à me détendre et à faire le vide dans ma tête. Les pires journées que je vis depuis que je suis sobre sont cent fois plus belles que celles que je considérais les plus merveilleuses à l'époque. J'ai tout à gagner, tout est accessible au point où j'en suis rendue dans mon cheminement. Le bonheur possible? Certainement! Mon fils et mes parents se portent bien, j'ai aussi un frère et un neveu que j'adore et, pour la première fois de ma vie, de vrais amis.

Mon bonheur réside surtout dans le fait d'être capable de conserver ma sobriété sans obstacles. Tous les matins, je demande à l'Être Suprême de m'aider à rester sobre. Lorsque je me regarde dans le miroir, je n'hésite plus à m'avouer que je m'aime, et je ne me sens pas du tout prétentieuse en affirmant cela. Je suis enfin armée pour affronter les situations extrêmes, heureuses ou malheureuses, en demeurant parfaitement à jeun. Je n'ai aucunement peur de l'avenir. Il ne pourra jamais m'arriver pire que tout ce que j'ai vécu avant ma renaissance.

Table des matières

Lithographié au Canada
sur les presses de
Métropole Litho Inc.